새 이화 한국어

새 이화 한국어 Workbook 1-2

지은이 이화여자대학교 언어교육원(이정연·정누리·박옥경·송유경·기우종·최효원)
감수 김현진

펴낸날 1판 1쇄 2024년 6월 2일
2쇄 2025년 11월 30일

펴낸이 주소현 **펴낸곳** 이화여자대학교출판문화원
주소 서울특별시 서대문구 이화여대길 52 **등록** 1954년 7월 6일 제9-61호
전화 02-3277-2965(편집), 02-362-6076(마케팅) **팩스** 02-312-4312
전자우편 press@ewha.ac.kr **홈페이지** www.ewhapress.com
책임편집 이혜지 **디자인** 김리영 **일러스트** 정윤서
번역 이혜지·혼다 미호·진사영 **번역감수** 이미진·혼다 미호·호해영·진사영
녹음 오렌지 커뮤니케이션즈 **성우** 권도일, 이아름

ISBN 979-11-5890-523-1 14710
979-11-5890-490-6 (세트)

* 잘못된 책은 구입처에서 바꾸어 드립니다.

새 이화 한국어

Workbook 1-2

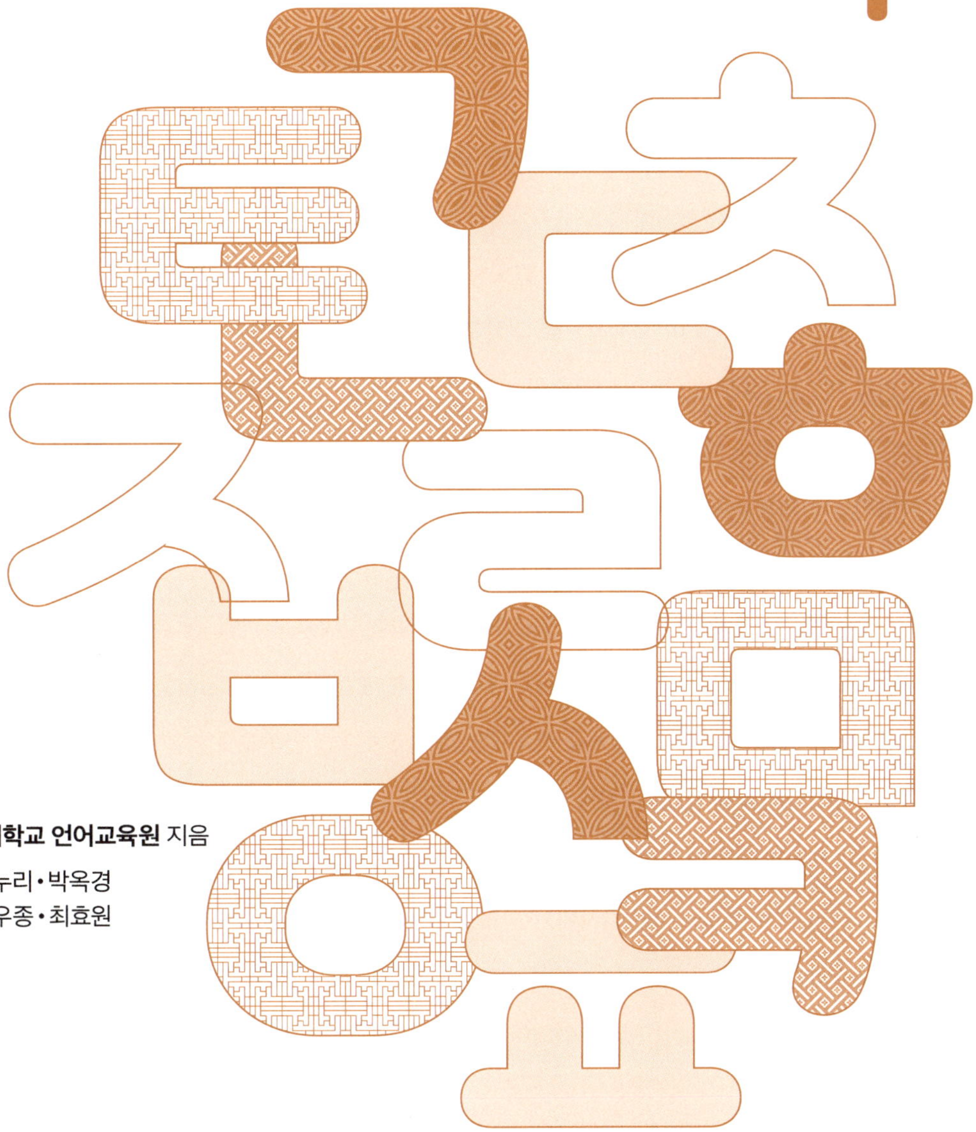

이화여자대학교 언어교육원 지음

이정연 • 정누리 • 박옥경
송유경 • 기우종 • 최효원

이화여자대학교출판문화원

머리말

이화여자대학교 언어교육원은 외국인 학습자들에게 한국어 학습의 길잡이가 된 『이화 한국어』를 이을 새로운 의사소통 중심 교재인 『새 이화 한국어』를 2023년에 발간하였습니다. 새로운 시대 흐름에 맞춘 교재인 『새 이화 한국어』를 발간함과 동시에 교재에서 다룬 내용을 재확인하고 내재화시킬 수 있도록 연습서인 『새 이화 한국어 워크북』도 발간하기에 이르렀습니다.

『새 이화 한국어 워크북 1』은 교재에서 다룬 어휘와 표현, 문법, 듣기, 말하기, 읽기, 쓰기의 내용을 바탕으로 다양한 활용 연습이 가능하도록 설계하였습니다. 또한 학습자들의 문법 사용 능력과 의사소통 능력 향상을 동시에 도모하고자 정확성과 유창성을 기를 수 있도록 다양한 연습 문제를 제공하였습니다.

특히 말하기는 말풍선과 함께 제시하여 실제적으로 대화를 구성할 수 있게 하였는데 이는 『새 이화 한국어 1』 교재의 특징을 계승한 것이라고 할 수 있겠습니다. 쓰기는 주제 중심의 단락을 구성하게 함으로써 담화 구성 능력 향상을 도모하고자 하였습니다. 무엇보다 본 워크북은 개인 학습용 연습서이므로 학습 시 발생할 수 있는 학습자들의 의문점들을 해소시키기 위해 부록에 각 단원의 문법 설명을 4개 국어로 실었으며 이를 통해 학습자들은 오류를 최소화시킬 수 있을 것이라 생각합니다.

이 책이 발간되기까지 많은 분들의 땀과 노고가 있었습니다. 이화여자대학교 언어교육원을 대표하여, 좋은 워크북을 개발하기 위해 밤낮으로 고민하고 집필에 매진하신 저자 분들께 깊은 감사를 드립니다. 또한 워크북이 발간되기까지 여러 가지 행정적 지원을 아끼지 않고 수고해 주신 언어교육원 행정실에도 진심으로 감사를 드립니다. 그리고 감수를 맡아 이 책의 구성과 내용에 많은 조언을 해 주신 김현진 교수님께도 감사의 말씀을 드립니다. 마지막으로 이렇게 멋진 모습으로 워크북이 발간될 수 있도록 편집과 출판을 맡아 주신 이화여자대학교출판문화원에도 깊은 감사의 마음을 전합니다.

아무쪼록 이 책이 국내외에서 널리 활용되어 한국어를 쉬우면서도 재미있고 효과적으로 교수·학습하는 데에 크게 기여하기를 바랍니다. 아울러 앞으로 나아가야 할 한국어 교육의 방향을 선도하는 역할도 하게 되기를 기대합니다.

2024년 6월

이화여자대학교 언어교육원

원장 박선희

차례

Workbook 구성표

단원	단원명	어휘와 표현	문법	듣기
7단원	주말	주말 활동 장소 ①	안 A/V A/V-았/었어요 N에서 더 과/와, 하고, 이랑/랑 더 A/V-지 않다	받아쓰기 주말 활동을 묻는 표현 듣기
8단원	취미	취미 활동 운동	V-고 있다 V-을 수 있다/ㄹ 수 있다 N도, N만 더 못 V	받아쓰기 동아리 및 취미 활동을 묻는 표현 듣기
9단원	계획	미래 계획 장소 ②	V-을 거예요/ㄹ 거예요 V-으러/러 N에게/한테, N에게서/한테서 더 ㄷ 불규칙	받아쓰기 주말 및 졸업 계획을 묻는 표현 듣기
10단원	날씨와 계절	날씨 계절, 계절 활동	A/V-고(나열) A/V-으면/면 A/V-지만 더 N은/는 더 V-아요/어요	받아쓰기 날씨 및 계절 활동을 묻는 표현 듣기
11단원	교통	교통수단 이동	V-으려고 하다/려고 하다 N으로/로(방향) V-아야 되다/어야 되다 더 N으로/로(수단) 더 N에서 N까지	받아쓰기 대중교통 이용 방법을 묻는 표현 듣기
12단원	약속	상태 ② 약속	V-을까요?/ㄹ까요? A/V-아서/어서 V-고(순서) 더 V-기	받아쓰기 약속 장소 및 수업 후 계획을 묻는 표현 듣기

말하기	읽기	쓰기
주말 활동에 대해 말하기 주말에 한 일에 대해 말하기	주말에 한 일에 대한 글 읽기	주말여행 경험에 대한 글 쓰기
취미 활동에 대해 말하기 운동에 대해 말하기	취미 활동에 대한 글 읽기	동아리 활동에 대한 글 쓰기
미래 계획에 대해 말하기 여행 계획에 대해 말하기	문화 수업 계획에 대한 글 읽기	초대에 대한 글 쓰기
여러 도시의 날씨에 대해 말하기 날씨를 고려한 주말 활동에 대해 말하기	나라별 계절 활동에 대한 글 읽기	좋아하는 계절에 대한 글 쓰기
목적지까지 가는 방법에 대해 말하기 가는 길에 대해 말하기	가는 길에 대한 글 읽기	대중교통 이용 경험에 대한 글 쓰기
약속 시간, 장소에 대해 말하기 약속 변경에 대해 말하기	약속 변경에 대한 글 읽기	자신과의 약속에 대한 글 쓰기

더 더 알아보기

Workbook 구성과 사용법

- 『새 이화 한국어 Workbook 1-1』, 『새 이화 한국어 Workbook 1-2』는 『새 이화 한국어 1-1』, 『새 이화 한국어 1-2』에 맞춰 개발된 연습서이다.
- 교재 내용에 보충, 심화 학습이 가능한 내용으로 설계되었으며 학습한 내용을 스스로 공부할 수 있도록 개인 학습용으로 개발되었다.
- 각 단원은 '어휘와 표현', '문법', '듣기', '말하기', '읽기', '쓰기' 총 6개 영역으로 구성되어 있다.
- 각 단원별 연습 문제 이외에 문법에 대한 주요 설명이 책 뒤쪽 부록에 제공되어 있다.

어휘와 표현

교재의 소단원 1, 2에서 다룬 '어휘와 표현'의 연습 부분이다. 다양한 연습 활동을 제공하여 학습자가 어휘와 표현의 의미를 확인, 점검하고 어휘 사용 능력을 향상시킬 수 있도록 설계하였다.

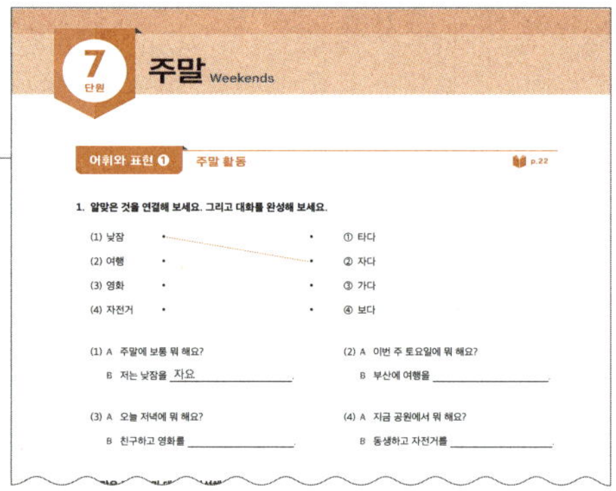

7 단원 주말 Weekends

어휘와 표현 ❶ 주말 활동 p.22

1. 알맞은 것을 연결해 보세요. 그리고 대화를 완성해 보세요.

(1) 낮잠 • • ① 타다
(2) 여행 • • ② 자다
(3) 영화 • • ③ 가다
(4) 자전거 • • ④ 보다

(1) A 주말에 보통 뭐 해요?
B 저는 낮잠을 자요.
(2) A 이번 주 토요일에 뭐 해요?
B 부산에 여행을 ______.
(3) A 오늘 저녁에 뭐 해요?
B 친구하고 영화를 ______.
(4) A 지금 공원에서 뭐 해요?
B 동생하고 자전거를 ______.

문법

교재의 소단원 1, 2, 3에서 다룬 '문법'의 연습 부분이다. 각 목표 문법의 연습을 활용 형태 표로 제시하였고 문장 만들기, 대화 만들기 연습도 추가하였다. 이를 통해 학습자가 문법 활용 형태를 익히고 문법 사용 능력을 기를 수 있도록 설계하였다. 문법 연습과 더불어 '더 알아보기'에서 제시된 문법 연습 문제도 같이 제공하였다.

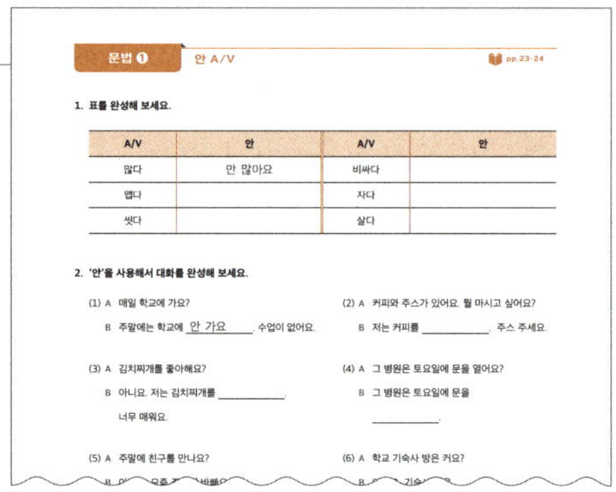

문법 ❶ 안 A/V pp.23-24

1. 표를 완성해 보세요.

A/V	안	A/V	안
많다	안 많아요	비싸다	
맵다		자다	
씻다		살다	

2. '안'을 사용해서 대화를 완성해 보세요.

(1) A 매일 학교에 가요?
B 주말에는 학교에 안 가요. 수업이 없어요.
(2) A 커피와 주스가 있어요. 뭘 마시고 싶어요?
B 저는 커피를 ______. 주스 주세요.
(3) A 김치찌개를 좋아해요?
B 아니요. 저는 김치찌개를 ______. 너무 매워요.
(4) A 그 병원은 토요일에 문을 열어요?
B 그 병원은 토요일에 문을 ______.
(5) A 주말에 친구를 만나요?
(6) A 학교 기숙사 방은 커요?

듣기

교재의 소단원 1, 3에서 다룬 '듣기' 연습 부분이다. 초급 학습자의 특성을 고려하여 듣기의 주요 어휘와 문법이 포함된 받아쓰기를 제시하였다. 그리고 각 단원의 주요 표현을 점검할 수 있도록 해당 표현이 사용된 간단한 대화를 듣고 확인하는 문제를 제공하였다.

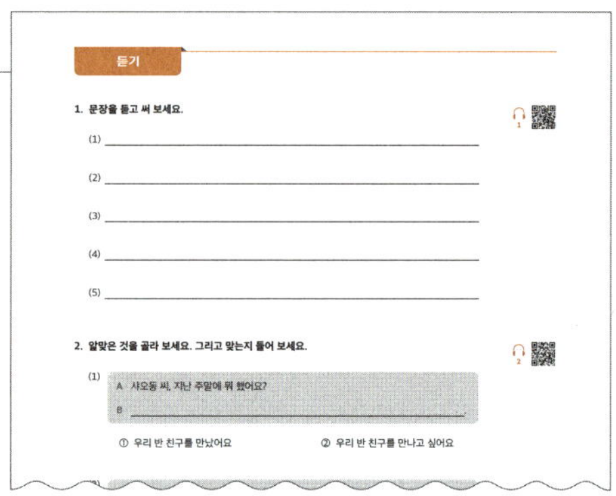

듣기

1. 문장을 듣고 써 보세요.

(1) ______
(2) ______
(3) ______
(4) ______
(5) ______

2. 알맞은 것을 골라 보세요. 그리고 맞는지 들어 보세요.

(1) A 샤오동 씨, 지난 주말에 뭐 했어요?
B ______
① 우리 반 친구를 만났어요 ② 우리 반 친구를 만나고 싶어요

말하기

교재의 소단원 1, 2에서 다룬 '말하기' 연습 부분이다. 소단원 1 말하기 연습에서는 교재의 말하기 대화문에서 다룬 주요 기능 표현을 연습하게 구성하였다. 소단원 2 말하기 연습에서는 말풍선의 핵심어를 보면서 교재의 대화문을 확장해서 연습할 수 있게 설계하였다. 이 확장 대화문을 만드는 연습은 부록에 모범 대화문을 제시하여 스스로 학습을 할 수 있게 구성하였다.

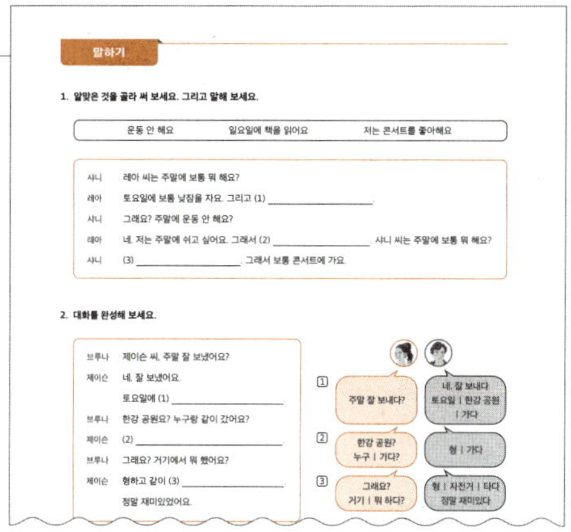
말하기

1. 알맞은 것을 골라 써 보세요. 그리고 말해 보세요.

운동 안 해요 / 일요일에 책을 읽어요 / 저는 콘서트를 좋아해요

사니 레아 씨는 주말에 보통 뭐 해요?
레아 토요일에 보통 낮잠을 자요. 그리고 (1) ______.
사니 그래요? 주말에 운동 안 해요?
레아 네. 저는 주말에 쉬고 싶어요. 그래서 (2) ______. 사니 씨는 주말에 보통 뭐 해요?
사니 (3) ______. 그래서 보통 콘서트에 가요.

2. 대화를 완성해 보세요.

브루나 제이슨 씨, 주말 잘 보냈어요?
제이슨 네. 잘 보냈어요.
토요일에 (1) ______
브루나 한강 공원요? 누구랑 같이 갔어요?
제이슨 (2) ______
브루나 그래요? 거기에서 뭐 했어요?
제이슨 형하고 같이 (3) ______
정말 재미있었어요.

읽기

교재의 소단원 2에서 다룬 '읽기' 연습 부분이다. 교재 읽기에서 학습한 주제와 관련된 내용을 다양한 텍스트 유형으로 구현하여 제공하였다. 이 텍스트의 내용 이해 문제도 제공하여 이해 능력을 향상시킬 수 있도록 하였다.

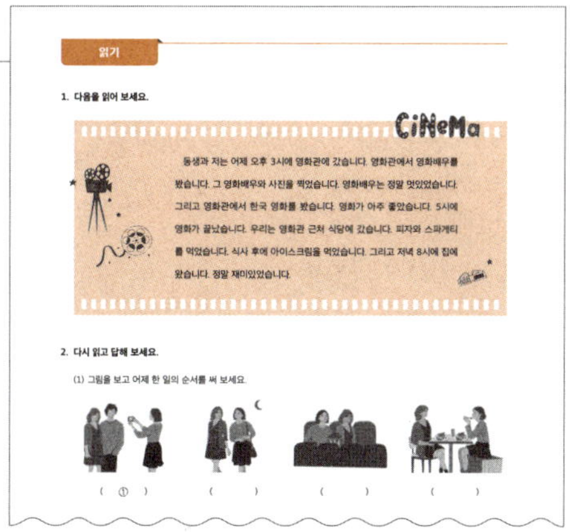
읽기

1. 다음을 읽어 보세요.

CiNeMa

동생과 저는 어제 오후 3시에 영화관에 갔습니다. 영화관에서 영화배우를 봤습니다. 그 영화배우와 사진을 찍었습니다. 영화배우는 정말 멋있었습니다. 그리고 영화관에서 한국 영화를 봤습니다. 영화가 아주 좋았습니다. 5시에 영화가 끝났습니다. 우리는 영화관 근처 식당에 갔습니다. 피자와 스파게티를 먹었습니다. 식사 후에 아이스크림을 먹었습니다. 그리고 저녁 8시에 집에 왔습니다. 정말 재미있었습니다.

2. 다시 읽고 답해 보세요.

(1) 그림을 보고 어제 한 일의 순서를 써 보세요.

(①) ( ) ( ) ( )

쓰기

교재의 소단원 3에서 다룬 '쓰기' 연습 부분이다. 교재 쓰기 내용과 관련된 글을 쓰는 활동을 제시하였다. 교재에서 제시한 도움 질문을 활용해서 단락의 글을 완성할 수 있게 하였다. 부록에 모범 글을 제시하여 스스로 확인 학습이 가능하게 하였다.

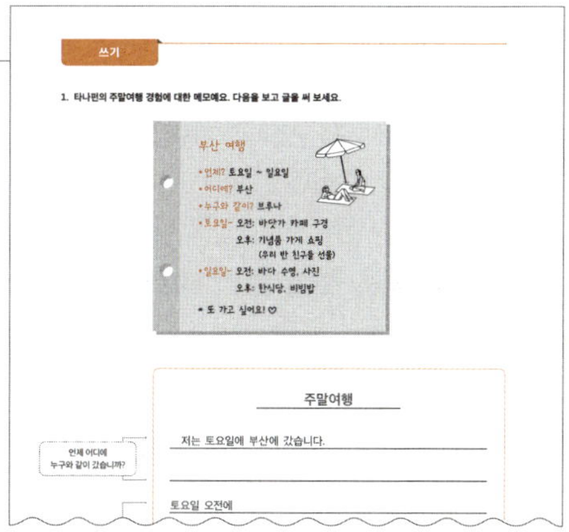
쓰기

1. 타나퐌의 주말여행 경험에 대한 메모예요. 다음을 보고 글을 써 보세요.

주말여행

언제 어디에 누구와 같이 갔습니까?

저는 토요일에 부산에 갔습니다.

토요일 오전에

문법 설명

교재 소단원 1, 2, 3 문법의 문법 설명 부분이다. 각 문법의 의미를 자세한 설명과 함께 제시하였다. 문법의 의미와 형태 정보를 도식화하여 간략하게 보여 줌으로써 학습자의 이해를 돕고자 하였다. 또한 문법 활용 시 유의할 점, 예문을 제공하여 학습자의 오류를 줄이고자 하였다. 문법 설명은 영어, 일본어, 중국어 간체, 중국어 번체로도 제공하여 학습자의 이해를 도모하고자 하였다.

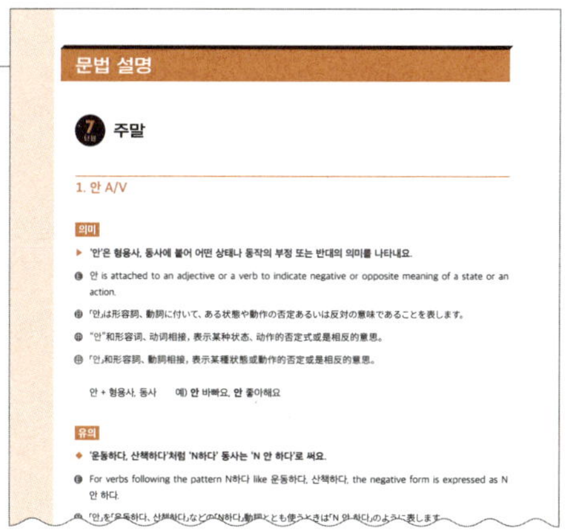
문법 설명

7 단원 주말

1. 안 A/V

의미

▶ '안'은 형용사, 동사에 붙어 어떤 상태나 동작의 부정 또는 반대의 의미를 나타내요.

Ⓔ 안 is attached to an adjective or a verb to indicate negative or opposite meaning of a state or an action.

Ⓙ 「안」は形容詞、動詞に付いて、ある状態や動作の否定あるいは反対の意味であることを表します。

Ⓒ "안"和形容词、动词相接，表示某种状态、动作的否定式或是相反的意思。

Ⓣ 「안」和形容詞、動詞相接，表示某種狀態或動作的否定或是相反的意思。

안 + 형용사, 동사 예) 안 바빠요, 안 좋아해요

유의

◆ '운동하다, 산책하다'처럼 'N하다' 동사는 'N 안 하다'로 써요.

Ⓔ For verbs following the pattern N하다 like 운동하다, 산책하다, the negative form is expressed as N 안 하다.

7 단원 주말 Weekends

어휘와 표현 ❶ 주말 활동

p.22

1. 알맞은 것을 연결해 보세요. 그리고 대화를 완성해 보세요.

(1) 낮잠 •	• ① 타다
(2) 여행 •	• ② 자다
(3) 영화 •	• ③ 가다
(4) 자전거 •	• ④ 보다

(1) A 주말에 보통 뭐 해요?
B 저는 낮잠을 __자요__.

(2) A 이번 주 토요일에 뭐 해요?
B 부산에 여행을 ______________.

(3) A 오늘 저녁에 뭐 해요?
B 친구하고 영화를 ______________.

(4) A 지금 공원에서 뭐 해요?
B 동생하고 자전거를 ______________.

2. 알맞은 것을 골라 대화를 완성해 보세요.

쇼핑하다	외식하다	청소하다	집에서 쉬다	인터넷을 하다	콘서트에 가다

(1) A 보통 주말에 __집에서 쉬어요__?
B 아니요. 저는 외출해요.

(2) A 언제 ______________?
B 저는 수업 후에 해요. 보통 이메일을 봐요.

(3) A 주말에 ______________?
B 네. 모자하고 가방을 사고 싶어요.

(4) A 오늘 저녁에 어디에서 ______________?
B 학교 앞 식당에서 저녁을 먹고 싶어요.

(5) A 방을 왜 ______________?
B 내일 친구들이 집에 와요. 그래서 해요.

(6) A 누구하고 ______________?
B 언니하고 가요. 저와 언니는 모두 그 가수를 좋아해요.

어휘와 표현 ❷ 장소 ①

p.27

1. 알맞은 것을 골라 글을 완성해 보세요.

공원	카페	영화관	피시방

저는 보통 주말에 여자 친구를 만납니다. 아침에 같이 (1) 공원______ 에 갑니다. 산책을 합니다. 그리고 (2) _________ 에 갑니다. 커피를 마십니다. 우리는 영화를 좋아합니다. 그래서 점심 식사 후에 (3) _________ 에 갑니다. 그리고 (4) _________ 에 갑니다. 게임을 합니다. 조금 피곤합니다. 그렇지만 재미있습니다.

2. 그림을 보고 대화를 완성해 보세요.

(1)

A 어디에 가요?

B 허리가 조금 아파요. 그래서 약국______ 에 가요.

(2)

A 지금 뭐 해요?

B _________ 에 있어요. 라면을 먹어요.

(3)

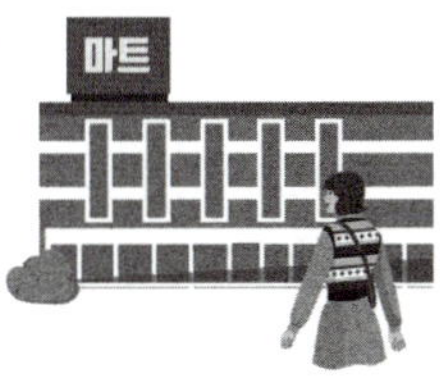

A 리카 씨, 집에 가요?

B 아니요. 과일이 없어요. 그래서 _________ 에 가요.

(4)

A 지금 어디에 있어요?

B 학교 앞 _________ 에 있어요. 친구를 만나요.

(5)

A 주말에 보통 뭐 해요?

B 저는 쇼핑을 좋아해요. 그래서 보통 _________ 에 가요.

(6)

A 한복을 사고 싶어요. 한복 가게는 어디에 있어요?

B 한복 가게는 지하철역 근처 _________ 에 있어요. 거기에 가세요.

문법 ❶ 안 A/V

1. 표를 완성해 보세요.

A/V	안	A/V	안
많다	안 많아요	비싸다	
맵다		자다	
씻다		살다	

2. '안'을 사용해서 대화를 완성해 보세요.

(1) A 매일 학교에 가요?
B 주말에는 학교에 안 가요. 수업이 없어요.

(2) A 커피와 주스가 있어요. 뭘 마시고 싶어요?
B 저는 커피를 ________. 주스 주세요.

(3) A 김치찌개를 좋아해요?
B 아니요. 저는 김치찌개를 ________. 너무 매워요.

(4) A 그 병원은 토요일에 문을 열어요?
B 그 병원은 토요일에 문을 ________.

(5) A 주말에 친구를 만나요?
B 아니요. 요즘 주말에 바빠요. 그래서 주말에 친구를 ________.

(6) A 학교 기숙사 방은 커요?
B 아니요. 기숙사 방은 ________. 그렇지만 휴게실은 아주 커요.

3. 그림을 보고 '안'을 사용해서 문장을 완성해 보세요.

(1) 
레아는 운동해요.
브루나는 운동 안 해요.

(2) 
타나펀은 전화해요.
샤오둥은 ________.

(3) 
다니엘은 책을 읽어요.
제이슨은 ________.

(4) 
지유는 자전거를 타요.
리카는 ________.

문법 ❷ A/V-았어요/었어요

pp.28~29

1. 표를 완성해 보세요.

A/V	-았어요	A/V	-었어요
좋다	좋았어요	예쁘다	
싸다		다니다	
앉다		학생이다	
받다		의사이다	

2. 표를 보고 '-았어요/었어요'를 사용해서 대화를 완성해 보세요.

요일	월	화	수	목	금	토
일정	대사관에 가다	아르바이트를 하다	영화를 보다	자전거를 타다	친구를 만나다	선물을 사다

(1) A 월요일에 뭐 했어요?
B 대사관에 갔어요.

(2) A 화요일에 쉬었어요?
B 아니요. 화요일에 아르바이트를 ______________.

(3) A 수요일에 뭐 했어요?
B 영화를 ______________.

(4) A 목요일에 산책했어요?
B 아니요. 자전거를 ______________.

(5) A 금요일에 한국어를 공부했어요?
B 아니요. 친구를 ______________.

(6) A 토요일에 뭐 했어요?
B 선물을 ______________.

3. '-았어요/었어요'를 사용해서 글을 완성해 보세요.

다니엘은 어제 아침 9시에 출근했어요. 그리고 오전에 이메일을 (1) 읽었어요.(읽다) 점심시간에 비빔밥을 먹었어요. 정말 (2) ______________.(맛있다) 그리고 오후에 회사 직원들과 회의했어요. 저녁까지 일이 너무 많았어요. 그래서 저녁 8시에 (3) ______________.(퇴근하다) 어제는 정말 (4) ______________.(힘들다)

N에서

pp.32~33

1. 표를 완성해 보세요.

N	에서	N	에서
시장	시장에서	마트	
우체국		학교	

2. 알맞은 것을 골라 ◯표 해 보세요.

(1) 약국(에, (에서)) 약을 샀어요.

(2) 수업 후에 집(에, 에서) 와요.

(3) 컴퓨터 회사(에, 에서) 다녀요.

(4) 카페(에, 에서) 친구들을 만났어요.

(5) 영화관(에, 에서) 영화를 봤어요.

(6) 점심 식사 후에 편의점(에, 에서) 가요.

3. 그림을 보고 대화를 완성해 보세요.

(1)

A 어제 뭐 했어요?

B 집에서 텔레비전을 봤어요.

(2)

A 점심을 어디에서 먹어요?

B 친구들과 ____________________

____________________.

(3)

A 보통 어디에서 운동해요?

B 보통 ____________________

____________________.

(4)

A 어제 카페에서 공부했어요?

B 아니요. ____________________

____________________.

더 알아보기 ① N과/와, N하고, N이랑/랑

p.30

1. 표를 완성해 보세요.

N	과	하고	이랑	N	와	하고	랑
한국 사람	한국 사람과			누나			
다니엘				브루나			

2. '이랑/랑'을 사용해서 대화를 완성해 보세요.

(1) A 누구하고 콘서트에 갔어요?

B 오빠랑 콘서트에 갔어요. (오빠)

(2) A 누구랑 같이 여행을 가요?

B ____________. (가족)

(3) A 주말에 샤오동하고 쇼핑했어요?

B 아니요. ____________. (리카)

(4) A 지하철역에서 누구를 만나요?

B ____________. (레아, 샤니)

더 알아보기 ② A/V-지 않다

p.36

1. 표를 완성해 보세요.

A/V	-지 않다	A/V	-지 않다
쉽다	쉽지 않아요	나쁘다	
찾다		살다	

2. '-지 않다'를 사용해서 대화를 완성해 보세요.

(1) A 영화관에 사람이 많았어요?

B 아니요. 사람이 많지 않았어요.

(2) A 파비앙의 누나는 회사에 다녀요?

B 아니요. 회사에 ____________. 간호사예요.

(3) A 어제 많이 바빴어요?

B 아니요. 어제는 ____________.

(4) A 토요일에 우체국 문을 열어요?

B 아니요. 토요일에는 우체국 문을 ____________.

듣기

1. 문장을 듣고 써 보세요.

(1) ______________________________

(2) ______________________________

(3) ______________________________

(4) ______________________________

(5) ______________________________

2. 알맞은 것을 골라 보세요. 그리고 들어 보세요.

(1)
A 샤오동 씨, 지난 주말에 뭐 했어요?
B ______________________________.

① 우리 반 친구를 만났어요 ② 우리 반 친구를 만나고 싶어요

(2)
A ______________________________?
B 일요일에 피시방에서 게임을 했어요.

① 이번 주말에 뭐 해요 ② 주말을 어떻게 보냈어요

(3)
A 다니엘 씨, 그럼 다음 주 토요일은 어때요?
B ______________________________.

① 네. 좋아요. 주말에 시간이 있어요 ② 주말에 여자 친구를 만났어요. 재미있었어요

말하기

1. 알맞은 것을 골라 써 보세요. 그리고 말해 보세요.

운동 안 해요	일요일에 책을 읽어요	저는 콘서트를 좋아해요

샤니	레아 씨는 주말에 보통 뭐 해요?
레아	토요일에 보통 낮잠을 자요. 그리고 (1) ____________________.
샤니	그래요? 주말에 운동 안 해요?
레아	네. 저는 주말에 쉬고 싶어요. 그래서 (2) ____________________. 샤니 씨는 주말에 보통 뭐 해요?
샤니	(3) ____________________. 그래서 보통 콘서트에 가요.

2. 대화를 완성해 보세요.

브루나	제이슨 씨, 주말 잘 보냈어요?
제이슨	네. 잘 보냈어요. 토요일에 (1) ____________________.
브루나	한강 공원요? 누구랑 같이 갔어요?
제이슨	(2) ____________________.
브루나	그래요? 거기에서 뭐 했어요?
제이슨	형하고 같이 (3) ____________________. 정말 재미있었어요.

1	주말 잘 보내다?	네. 잘 보내다 토요일 | 한강 공원 | 가다
2	한강 공원? 누구 | 가다?	형 | 가다
3	그래요? 거기 | 뭐 하다?	형 | 자전거 | 타다 정말 재미있다

3. 리카와 샤오동이 주말에 한 일에 대해 이야기해요. 대화를 만들고 말해 보세요.

	1	2	3
	주말 잘 보내다?	문화 센터? 누구 | 가다?	그래요? 거기 | 뭐 하다?
	네. 잘 보내다 토요일 | 문화 센터 | 가다	친구 | 가다	친구 | 요리 | 배우다 정말 맛있다

읽기

1. 다음을 읽어 보세요.

CiNeMa

동생과 저는 어제 오후 3시에 영화관에 갔습니다. 영화관에서 영화배우를 봤습니다. 그 영화배우와 사진을 찍었습니다. 영화배우는 정말 멋있었습니다. 그리고 영화관에서 한국 영화를 봤습니다. 영화가 아주 좋았습니다. 5시에 영화가 끝났습니다. 우리는 영화관 근처 식당에 갔습니다. 피자와 스파게티를 먹었습니다. 식사 후에 아이스크림을 먹었습니다. 그리고 저녁 8시에 집에 왔습니다. 정말 재미있었습니다.

2. 다시 읽고 답해 보세요.

(1) 그림을 보고 어제 한 일의 순서를 써 보세요.

(①)

(　　)

(　　)

(　　)

(2) 내용과 같은 것을 골라 보세요.

① 아침에 영화관에 갔습니다.

② 영화관에서 영화감독을 만났습니다.

③ 동생과 한국 영화를 봤습니다.

쓰기

1. 타나펀의 주말여행 경험에 대한 메모예요. 다음을 보고 글을 써 보세요.

부산 여행

- 언제? 토요일 ~ 일요일
- 어디에? 부산
- 누구와 같이? 브루나
- 토요일- 오전: 바닷가 카페 구경
  오후: 기념품 가게 쇼핑
  (우리 반 친구들 선물)
- 일요일- 오전: 바다 수영, 사진
  오후: 한식당, 비빔밥

* 또 가고 싶어요! ♡

주말여행

언제 어디에 누구와 같이 갔습니까?

저는 토요일에 부산에 갔습니다. ________________

____

거기에서 무엇을 했습니까?

토요일 오전에 ________________

____

일요일 오전에 ________________

____

여행이 어땠습니까?

부산 여행이 재미있었습니다. 그래서 또 가고 싶습니다.

8 단원 취미 Hobbies

어휘와 표현 ❶ 취미 활동

p.42

1. 어휘를 찾고 써 보세요.

바	기	보	개	타
리	타	소	금	인
그	림	전	설	민
영	선	등	람	책
(1) 게	임	학	사	진

(1) 게임 을/를 해요.

(2) ______________ 을/를 쳐요.

(3) ______________ 을/를 그려요.

(4) ______________ 을/를 읽어요.

(5) ______________ 을/를 찍어요.

2. 그림을 보고 문장을 완성해 보세요.

(1)

제이슨은 수업 후에 헬스를 해요.

(2)

레아는 어제 ______________________.

(3)

다니엘은 지난 토요일에 한라산에서

______________________________.

(4)

타나펀은 지금 케이팝(K-pop) 가수의

______________________________.

p.47

1. 알맞은 것을 연결해 보세요. 그리고 써 보세요.

(1) 요가 •
(2) 골프 •
(3) 축구 •
(4) 탁구 •
(5) 태권도 •
(6) 스노보드 •

• ① 치다
• ② 타다
• ③ 하다

(1) 요가를 해요 . (2) ______________ .

(3) ______________ . (4) ______________ .

(5) ______________ . (6) ______________ .

2. 그림을 보고 문장을 완성해 보세요.

(1)

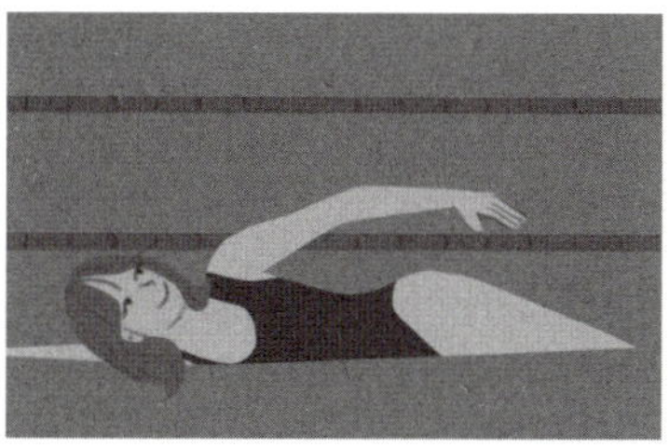

레아는 수영을 하고 있어요 .

(2)

리카는 ______________ .

(3)

제이슨은 ______________ .

(4)

샤오동은 ______________ .

문법 ❶ V-고 있다

pp.43~44

1. 표를 완성해 보세요.

V	-고 있다	V	-고 있다
먹다	먹고 있어요	가다	
입다		공부하다	
듣다		만들다	

2. 그림을 보고 써 보세요.

(1) 책을 읽고 있어요 .

(2) ______________________ .

(3) ______________________ .

(4) ______________________ .

(5) ______________________ .

(6) ______________________ .

3. '-고 있습니다'를 사용해서 글을 완성해 보세요.

오늘은 일요일입니다. 우리 가족은 모두 집에 있습니다. 아버지는 지금 낮잠을 (1) 자고 있습니다 (자다). 어머니는 커피를 (2) ______________ (마시다). 언니는 친구와 (3) ______________ (전화하다). 남동생은 음악을 (4) ______________ (듣다). 그리고 저는 제 방에서 (5) ______________ (쉬다).

문법 ❷ V-을 수 있다/ㄹ 수 있다

pp.48~49

1. 표를 완성해 보세요.

V	-을 수 있다	-을 수 없다	V	-ㄹ 수 있다	-ㄹ 수 없다
닫다	닫을 수 있어요		그리다		
씻다			말하다		
넣다			놀다		

2. 표를 보고 '-을 수 있다/ㄹ 수 있다'를 사용해서 대화를 완성해 보세요.

다니엘

(1) 기타를 치다	○
(2) 중국어를 하다	×
(3) 한국어를 쓰다	○
(4) 스노보드를 타다	○
(5) 한국 음식을 만들다	×
(6) 한국 소설책을 읽다	×

(1) 다니엘은 기타를 칠 수 있어요 .

(2) 다니엘은 ________________.

(3) 다니엘은 ________________.

(4) 다니엘은 ________________.

(5) 다니엘은 ________________.

(6) 다니엘은 ________________.

3. 그림을 보고 대화를 완성해 보세요.

(1) 

A 공원에서 자전거를 탈 수 있어요?

B 네. 자전거를 탈 수 있어요 .

(2) 

A 이 물을 마실 수 있어요?

B 네. ________________.

(3) 

A 여기에서 사진을 찍을 수 있어요?

B 아니요. ________________.

(4) 

A 여기에 ________________?

B ________________.

문법 ③ N도, N만

pp.52~53

1. 표를 완성해 보세요.

N	도	만
한국 사람	한국 사람도	
브루나		

2. 알맞은 것을 골라 ○표 해 보세요.

(1) 가방 안에 휴대 전화와 지갑이 있어요. 책(도, 만) 있어요.

(2) 박지유는 한국 사람이에요. 이서준(도, 만) 한국 사람이에요.

(3) 제이슨은 형과 동생이 있어요. 브루나는 동생(도, 만) 있어요.

(4) 우리 가족들은 모두 미국에서 살아요. 저(도, 만) 한국에서 살아요.

(5) 다니엘은 야구와 축구를 할 수 있어요. 농구와 수영(도, 만) 잘해요.

(6) 오늘 모임에 우리 반 친구들이 모두 왔어요. 타나펀(도, 만) 안 왔어요.

3. 표를 보고 대화를 완성해 보세요.

토요일에 뭐 해요?	영화를 봐요	게임을 해요	책을 읽어요	집에서 쉬어요	친구를 만나요
레아	○				○
샤니			○		
제이슨				○	
샤오둥	○	○			

(1) A 레아는 토요일에 영화를 봐요?

B 네. 영화를 봐요. 그리고 친구도 만나요 .

(2) A 토요일에 모두 책을 읽어요?

B 아니요. ______________________.

(3) A 토요일에 모두 집에서 쉬어요?

B 아니요. ______________________.

(4) A 샤오둥은 토요일에 게임을 해요?

B 네. ______________________.

⊕ 더 알아보기 못 V

p.56

1. 표를 완성해 보세요.

V	못	V	못
받다	못 받아요	쓰다	
찾다		요리하다	
입다		만들다	

2. '못'을 사용해서 써 보세요.

(1) 기타를 칠 수 없어요. ⇨ 기타를 못 쳐요.

(2) 창문을 열 수 없어요. ⇨ ______________________.

(3) 여기에 넣을 수 없어요. ⇨ ______________________.

(4) 태권도를 할 수 없어요. ⇨ ______________________.

(5) 주말에 산에 갈 수 없어요. ⇨ ______________________.

(6) 한국 소설책을 읽을 수 없어요. ⇨ ______________________.

3. 대화를 완성해 보세요.

(1) A 브루나 씨, 사진 잘 찍어요?

B 아니요. 저는 사진을 잘 못 찍어요.

(2) A 다니엘 씨, 왜 숙제를 안 했어요?

B 숙제가 너무 어려웠어요. 그래서 숙제를 ______________________.

(3) A 제이슨 씨, 아침을 먹었어요?

B 아침에 시간이 없었어요. 그래서 아침을 ______________________.

(4) A 타나펀 씨, 잘 잤어요?

B 어제 커피를 많이 마셨어요. 그래서 밤에 ______________________.

(5) A 리카 씨, 오늘 저녁에 만날 수 있어요?

B 미안해요. 약속이 있어요. 그래서 오늘 저녁에 ______________________.

듣기

1. 문장을 듣고 써 보세요.

3

(1) ____________________

(2) ____________________

(3) ____________________

(4) ____________________

(5) ____________________

2. 알맞은 것을 골라 보세요. 그리고 들어 보세요.

4

(1)

A 다음 주에도 모임이 있어요?

B 아니요. ____________________.

① 다음 주만 쉬어요　　② 다음 주에 모여요

(2)

A 동아리에서 보통 뭐 해요?

B ____________________.

① 일주일에 두 번 가요　　② 그림 전시회에 가요

(3)

A ____________________?

B 아니요. 콘서트장에 가고 있어요.

① 지금 집이에요　　② 지금 또 콘서트에 가요

말하기

1. 알맞은 것을 골라 빈칸에 써 보세요. 그리고 말해 보세요.

취미가 뭐예요	무슨 영화를 좋아해요	그림을 그리고 있어요

브루나　(1) ______________________?

타나펀　저는 영화를 좋아해요. 그래서 보통 영화를 봐요.

브루나　(2) ______________________?

타나펀　코미디 영화요. 그래서 요즘 코미디 영화를 보고 있어요. 브루나 씨는요?

브루나　저는 그림을 좋아해요. 요즘 (3) ______________________.

2. 대화를 완성해 보세요.

샤오동　다니엘 씨, 요즘 무슨 운동을 해요?

다니엘　요즘 (1) ______________________.

한 달 전에 시작했어요.

샤오동　정말요? (2) ______________________?

다니엘　아니요. 아직 잘 못 쳐요.

샤오동　탁구를 언제 해요?

다니엘　(3) ______________________.

1
- 요즘 무슨 운동 | 하다?
- 요즘 탁구 | 배우다 한 달 전 | 시작하다

2
- 정말요? 탁구 | 잘 치다?
- 아니요. 아직 잘 못 치다

3
- 탁구 | 언제 하다?
- 토요일 | 탁구장 | 가다

3. 샤오동과 샤니가 요즘 하는 운동에 대해 이야기해요. 대화를 만들고 말해 보세요.

1
- 요즘 무슨 운동 | 하다?
- 요즘 요가 | 배우다 두 달 전 | 시작하다

2
- 정말요? 요가 | 잘하다?
- 아니요. 조금 할 수 있다

3
- 요가 | 언제 하다?
- 금요일 | 문화 센터 | 가다

읽기

1. 다음을 읽어 보세요.

저는 요리를 잘해요. 2년 전에 중국에서 요리를 처음 배웠어요. 저는 한국 요리도 좋아해요. 그래서 한국 요리를 잘하고 싶어요. 요즘 주말에 한국 요리 교실에 다니고 있어요. 한국 요리도 아주 재미있어요.

샤오동

리카

저는 스키를 탈 수 있어요. 3년 전에 스키 동아리에서 스키를 시작했어요. 일본에서 친구들과 스키를 자주 탔어요. 그렇지만 한국에서 스키를 아직 못 탔어요. 한국에서도 스키를 타고 싶어요.

2. 다시 읽고 답해 보세요.

(1) 알맞은 것을 연결해 보세요.

① 샤오동 •　　　　• 스키

② 리카 •　　　　• 요리

(2) 알맞은 것을 써 보세요.

	언제 처음 시작했어요?	뭐 하고 싶어요?
샤오동	2년 전	________
리카	________	________

쓰기

1. 다음은 등산 동아리 활동에 대한 포스터(poster)예요. 다음을 보고 글을 써 보세요.

등산 동아리 '산과 함께'

- 무슨 활동을 해요?
  - 서울의 산을 등산해요
  - 산에서 사진을 찍어요
  - 등산 후 친구들과 식사해요
- 언제, 어디에서 모여요?
  - 토요일 오전 9시, 학교 앞
- 동아리 활동이 어때요?
  - 아주 재미있어요

등산 동아리 '산과 함께'

무슨 동아리를 합니까?

저는 산을 좋아합니다. 그래서 등산 동아리를 하고 있습니다.

동아리 이름은 '산과 함께'입니다. 우리는 ______________________

무슨 활동을 합니까?

____

____

____

언제, 어디에서 모입니까?

우리 동아리는 보통 ______________________

____

동아리 활동은 어떻습니까?

우리 동아리는 아주 재미있습니다.

9 단원 계획 Plans

어휘와 표현 ① 미래 계획

p.62

1. 그림을 보고 대화를 완성해 보세요.

(1) 리카 저는 한국어 공부 후에 고향에 돌아가고 싶어요.

그리고 ________________.

(2) 레아 저는 한국어 공부 후에 ________________.

그리고 ________________.

(3) 다니엘 저는 한국어 공부 후에 ________________.

그리고 ________________.

(4) 제이슨 저는 한국어 공부 후에 ________________.

그리고 ________________.

2. 다음을 보고 글을 완성해 보세요.

박지유

- (내년) 유학, 가다
- (2년 後) 대학원, 입학하다
  컴퓨터, 전공하다

저는 내년에 (1) 유학을 가고 싶습니다.

2년 후에 (2) ________________.

그리고 대학원에서 (3) ________________.

1. 알맞은 것을 골라 써 보세요.

극장	미술관	민속촌	쇼핑몰	기념품 가게

(1) 쇼핑해요. 쇼핑몰

(2) 그림을 봐요. ______________

(3) 기념품을 사요. ______________

(4) 뮤지컬을 봐요. ______________

(5) 한옥을 구경해요. ______________

2. 그림을 보고 대화를 완성해 보세요.

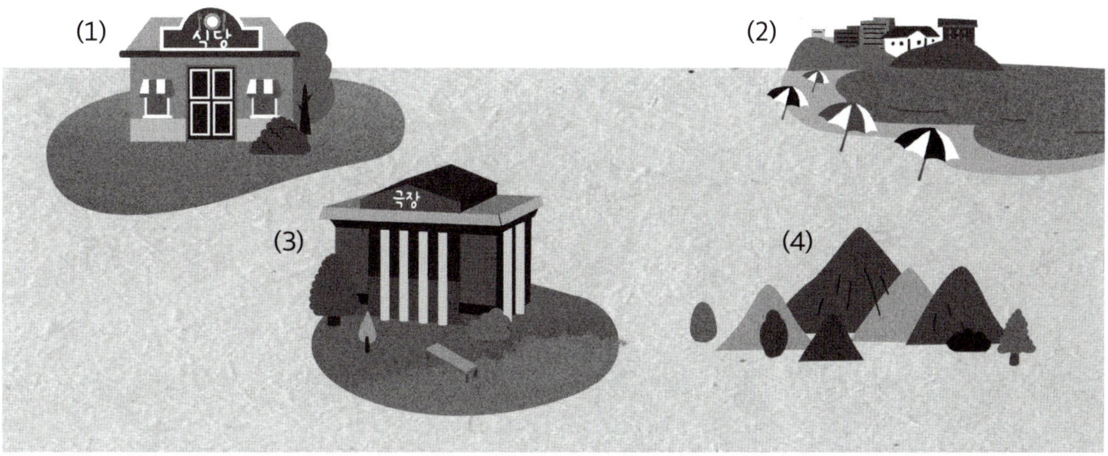

(1) A 샤니 씨, 어디에서 점심 먹었어요?

B 학교 앞 식당 에서 먹었어요.

(2) A 리카 씨, 지난 방학에 뭐 했어요?

B 제주도에 갔어요. ______________에서 수영했어요.

(3) A 브루나 씨, 오늘 수업 후에 약속이 있어요?

B 네. ______________에서 친구와 영화를 볼 거예요.

(4) A 다니엘 씨, 주말에 보통 뭐 해요?

B 저는 등산을 좋아해요. 그래서 ______________에 자주 가요.

문법 ① V-을 거예요/ㄹ 거예요

pp.63~64

1. 표를 완성해 보세요.

V	-을 거예요	V	-ㄹ 거예요
씻다	씻을 거예요	자다	
찾다		요리하다	
걷다		만들다	

2. 그림을 보고 대화를 완성해 보세요.

	오전	오후
금요일		
토요일		
일요일		

(1) A 타나펀은 금요일 오전에 뭐 할 거예요?
B 학교에 갈 거예요.

(2) A 금요일 오후에 친구를 만날 거예요?
B 아니요. 한국어 책을 ______________.

(3) A 토요일 오전에 뭐 할 거예요?
B 케이팝(K-pop)을 ______________.

(4) A 토요일 오후에 뭐 할 거예요?
B 남산에서 사진을 ______________.

(5) A 일요일 오전에 바빠요?
B 아니요. 집에서 ______________.

(6) A 일요일 오후에 계획이 있어요?
B 네. 친구를 ______________.

3. '-을 겁니다/ㄹ 겁니다'를 사용해서 글을 완성해 보세요.

다음 달에 고향 친구가 한국에 (1) 올 겁니다 (오다). 친구와 같이 서울을 구경하고 싶습니다. 먼저 경복궁을 (2) ______________(구경하다). 경복궁에서 한복을 (3) ______________(입다). 그리고 한국 음식을 (4) ______________(먹다). 저녁에 한강에서 야경을 (5) ______________(보다).

1. 표를 완성해 보세요.

V	-으러	V	-러
읽다	읽으러	타다	
입다		공부하다	
묻다		열다	

2. 알맞은 것을 골라 대화를 완성해 보세요.

놀다	먹다	보다	사다	찍다	배우다

(1) A 어디에 가요?
B 과일을 사러 시장에 가요.

(2) A 지금 어디에 가요?
B 삼겹살을 ________ 식당에 가요.

(3) A 어제 뭐 했어요?
B 뮤지컬을 ________ 극장에 갔어요.

(4) A 오늘 수업 후에 뭐 할 거예요?
B 사진을 ________ 고궁에 갈 거예요.

(5) A 지난 주말에 뭐 했어요?
B 친구와 같이 홍대에 ________ 갔어요.

(6) A 내일 뭐 할 거예요?
B 피아노를 ________ 문화 센터에 갈 거예요.

3. 그림을 보고 '-으러/러'를 사용해서 글을 완성해 보세요.

저는 한국 소설책을 읽고 싶습니다. 그래서 내일 오전에 서점에 (1) ________________________________. 그리고 오후에는 (2) ________________________________.

문법 ③ N에게/한테, N에게서/한테서

pp.72~73

1. 표를 완성해 보세요.

N	에게	한테	에게서	한테서
형	형에게			
친구				

2. 알맞은 것을 골라 ○표 해 보세요.

(1) 레아가 조민재(에게, 에게서) 꽃을 받았어요.

(2) 제이슨이 샤오동(한테, 한테서) 전화를 받아요.

(3) 샤니가 김민지 선생님(에게, 에게서) 질문해요.

(4) 다니엘이 리카(한테, 한테서) 책을 빌릴 거예요.

(5) 고향 친구가 저(에게, 에게서) 선물을 보냈어요.

(6) 올가가 지유(한테, 한테서) 편지를 쓰고 있어요.

3. 그림을 보고 '에게, 에게서'를 사용해서 글을 완성해 보세요.

오늘 서준이 (1) 저 에게 ____ 문자를 보냈습니다. (2) 서준________ 졸업식 소식을 들었습니다. 졸업식은 금요일입니다.

서준이 졸업식에 우리 반 친구들을 초대했습니다. 샤오동도 (3) 서준________ 초대를 받았습니다. 저는 친구들과 졸업 선물을 살 겁니다. 그래서 (4) 친구들________ 전화했습니다. 그리고 졸업식에서 (5) 서준________ 선물을 줄 겁니다.

ㄷ 불규칙

p.64

1. 표를 완성해 보세요.

V	-아요/어요	-았어요/었어요	-을 거예요/ㄹ 거예요
걷다	걸어요		
듣다			
묻다			
*닫다			
*받다			

* 규칙 동사

2. 알맞은 것을 골라 ○표 해 보세요.

(1) 학생 식당은 오후 7시에 문을 (닫아요, 달아요).

(2) 다니엘은 30분 동안 (걷고 있어요, 걸고 있어요).

(3) 오늘 고향 친구한테서 전화를 (받았어요, 발았어요).

(4) 숙제를 몰라요. 그래서 친구에게 (묻었어요, 물었어요).

(5) 너무 힘들어요. 그래서 (걷을 수 없어요, 걸을 수 없어요).

(6) 학교 앞 카페 케이크가 맛있어요. 지유에게서 (듣었어요, 들었어요).

3. 알맞은 것을 골라 대화를 완성해 보세요.

듣다	걷다	받다	묻다

(1) A 학교 전화번호를 어떻게 알았어요?

B 레아한테 물었어요.

(2) A 오늘 학교에 왜 늦었어요?

B 알람 소리를 못 ______________.

(3) A 지갑이 정말 예뻐요.

B 생일 때 친구한테서 선물 ______________.

(4) A 어제도 산책했어요?

B 네. 산책했어요. 두 시간 동안 ______________.

그래서 피곤했어요.

듣기

1. 문장을 듣고 써 보세요.

5

(1) ____________________

(2) ____________________

(3) ____________________

(4) ____________________

(5) ____________________

2. 알맞은 것을 골라 보세요. 그리고 들어 보세요.

6

(1)

A 내일 남자 친구와 놀이공원에 갈 거예요.

B ____________________.

① 정말 좋겠어요 ② 정말 재미있어요

(2)

A 주말에 ____________________?

B 집 근처 공원에 산책하러 갈 거예요.

① 뭐 했어요 ② 무슨 계획이 있어요

(3)

A ____________________?

B 내년 9월에 할 겁니다.

① 졸업 후에 뭐 할 겁니까 ② 언제 대학원을 졸업할 겁니까

말하기

1. 알맞은 것을 골라 빈칸에 써 보세요. 그리고 말해 보세요.

배우가 될 거예요	3급까지 배울 거예요	입학 준비를 할 거예요

올리버 사토미 씨는 한국어를 언제까지 배울 거예요?

사토미 저는 (1) ______________________. 그리고 고향에 돌아갈 거예요.

올리버 그래요? 고향에서 뭐 할 거예요?

사토미 (2) ______________________. 대학원에 입학하고 싶어요.

올리버 씨는 언제까지 한국어를 배울 거예요?

올리버 저는 6급까지 공부할 거예요. 그리고 한국에서 (3) ______________________.

2. 대화를 완성해 보세요.

제이슨 브루나 씨, 여름 방학에 (1) ______________?

브루나 제주도에 여행 갈 거예요.

제이슨 그래요? (2) ______________?

브루나 3박 4일 동안 여행할 거예요.

제이슨 (3) ______________?

브루나 한라산에 등산하러 갈 거예요.

그리고 맛집에 갈 거예요.

1. 여름 방학 | 어디 | 가다? — 제주도 | 여행 가다
2. 얼마 동안 여행하다? — 3박 4일 | 여행하다
3. 거기 | 무엇 | 하다? — 한라산 | 등산하다 | 가다 맛집 | 가다

3. 다니엘과 리카가 여름 방학 계획에 대해 이야기해요. 대화를 만들고 말해 보세요.

1. 여름 방학 | 어디 | 가다?
2. 얼마 동안 여행하다?
3. 거기 | 무엇 | 하다?

1. 부산 | 여행 가다
2. 일주일 | 여행하다
3. 바닷가 | 사진 | 찍다 시장 | 부모님 선물 | 사다

읽기

1. 다음을 읽어 보세요.

선생님

선생님
다니엘 씨, 오늘 학교에 왜 안 왔어요?
내일 문화 수업이 있어요.
내일 9시에 교실에서 만나요.

다니엘 (나)
회사에 일이 있었어요. 죄송해요.
그런데 내일 어디에 가요?

선생님
먼저 남산서울타워에 갈 거예요.
거기에서 사진을 찍을 거예요.
그다음에 공연을 보러 명동에 갈 거예요.
공연 후에 명동에서 점심도 같이 먹을 거예요.

다니엘 (나)
문화 수업은 몇 시에 끝나요?
내일 회사에서 오후 2시에 회의가 있어요.

선생님
1시쯤 끝날 거예요.
내일 꼭 오세요. 내일 만나요.

다니엘 (나)
네. 알겠습니다.

2. 다시 읽고 답해 보세요.

(1) 그림을 보고 문화 수업 내용이 아닌 것을 골라 보세요.

① 

② 

③ 

(2) 내용과 같은 것을 골라 보세요.

① 선생님이 먼저 다니엘에게 문자를 보냈어요.

② 다니엘은 내일 문화 수업 장소를 알고 있었어요.

③ 내일 문화 수업은 오후 2시에 끝나요.

쓰기

1. 다음은 타나펀과 레아의 초대장이에요. 다음을 보고 하나를 골라 이메일을 써 보세요.

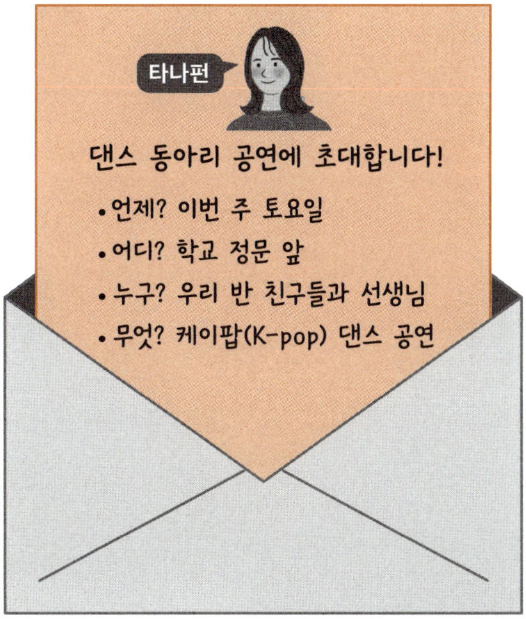

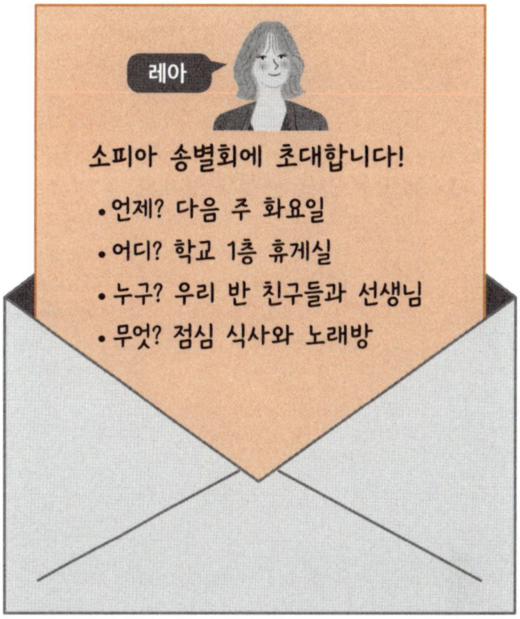

New Message

To 김민지 선생님

Subject 초대합니다

김민지 선생님, 안녕하세요?

무슨 모임에 초대할 거예요? → 저는 ____________________

누구를 초대할 거예요? → ____________________

언제, 어디에서 할 거예요? → ____________________

무엇을 할 거예요? → ____________________

그래서 선생님을 초대하고 싶어요. 선생님, 꼭 보러 오세요.^^

____________ 드림

Send

10 단원 날씨와 계절 The weather and the seasons

어휘와 표현 ❶ 날씨

p.82

1. 알맞은 것을 연결해 보세요.

(1) 

(2) 

(3) 

(4) 

(5) 

① 맑아요.　② 흐려요.　③ 비가 와요.　④ 눈이 내려요.　⑤ 바람이 불어요.

2. 그림을 보고 대화를 완성해 보세요.

(1) 

A 날씨가 어때요?

B 안개가 꼈어요 ________________.

(2) 

A 어제 타나펀 씨의 고향 날씨는 어땠어요?

B 아주 ________________.

(3) 

A 오늘 날씨가 따뜻해요?

B 아니요. 조금 ________________.

(4) 

A 지금도 비가 와요?

B 아니요. 조금 전에 ________________.

(5) 

A 한국의 1월 날씨는 어때요?

B 눈이 많이 와요. 그리고 ________________.

어휘와 표현 ❷ 계절, 계절 활동

p.87

1. 그림을 보고 알맞은 것을 골라 써 보세요.

서핑을 하다	소풍을 가다	낙엽 길을 걷다	눈사람을 만들다

(1) 

소풍을 가요.

(2) 

_______________.

(3) 

_______________.

(4) 

_______________.

2. 알맞은 것을 연결해 보세요.

(1) 봄 • ------ • ① 꽃구경을 해요.

(2) 여름 • • ② 물놀이를 해요.

(3) 가을 • • ③ 눈 축제에 가요.

(4) 겨울 • • ④ 단풍을 구경해요.

문법 ① A/V-고(나열)

pp.83~84

1. 표를 완성해 보세요.

A/V	-고	A/V	-고
좋다	좋고	크다	
차갑다		일하다	
걷다		만들다	

2. 알맞은 것을 골라 문장을 완성해 보세요.

맑다	싸다	읽다	하다	그리다	좋아하다

(1) 김밥이 싸고 맛있어요.

(2) 오늘 서울의 날씨는 ___________ 따뜻해요.

(3) 도서관에서 책도 ___________ 숙제도 했어요.

(4) 누나는 그림을 잘 ___________ 형은 기타를 잘 쳐요.

(5) 저는 일본 음식도 ___________ 중국 음식도 좋아해요.

(6) 이번 방학에 한국어 공부도 ___________ 여행도 하고 싶어요.

3. 그림을 보고 대화를 완성해 보세요.

(1)

A 오늘 날씨가 어때요?

B 춥고 바람이 불어요.

(2)

A 무슨 운동을 잘해요?

B ___________________ 농구도 잘해요.

(3)

A 형과 누나는 지금 뭐 해요?

B ___________________________

누나는 책을 읽어요.

(4)

A 리카와 샤오동은 어느 나라 사람이에요?

B ___________________________

샤오동은 중국 사람이에요.

문법 ❷ A/V-으면/면

1. 표를 완성해 보세요.

A/V	-으면	A/V	-면
맑다	맑으면	싸다	
뜨겁다		공부하다	
먹다		살다	

2. '-으면/면'을 사용해서 문장을 완성해 보세요.

(1) 힘들다 ⇨ 조금 쉬다 힘들면 ________ 조금 쉬세요.

(2) 봄이 되다 ⇨ 꽃이 피다 ________ 꽃이 핍니다.

(3) 음악을 듣다 ⇨ 기분이 좋다 ________ 기분이 좋아요.

(4) 교실이 춥다 ⇨ 창문을 닫다 ________ 창문을 닫으세요.

(5) 시간이 있다 ⇨ 고향에 가다 ________ 고향에 갈 거예요.

(6) 스트레스를 받다 ⇨ 보통 운동을 하다 ________ 보통 운동을 합니다.

3. 알맞은 것을 골라 대화를 완성해 보세요.

날씨가 좋다	동생이 오다	머리가 아프다	수업이 끝나다

(1) A 주말에 뭐 할 거예요?
B 날씨가 좋으면 ________ 등산을 할 거예요.

(2) A 머리가 너무 아파요.
B ________ 빨리 집에 가세요.

(3) A 수업 후에 보통 뭐 해요?
B ________ 보통 친구를 만나요. 같이 카페에 가요.

(4) A 동생이 언제 한국에 와요?
B 다음 주에 와요. ________ 같이 부산에 갈 거예요.

문법 ❸ A/V-지만

1. 표를 완성해 보세요.

A/V	-지만	A/V	-지만
많다	많지만	나쁘다	
맵다		시원하다	
읽다		불다	

2. 대화를 완성해 보세요.

(1) A 불고기가 비싸요?
B 네. 비싸지만 맛있어요.

(2) A 오늘 날씨가 좋아요?
B 네. ________ 조금 추워요.

(3) A 이 책이 어려워요?
B 네. 조금 ________ 재미있어요.

(4) A 레아와 샤니는 교실에 있어요?
B 레아는 교실에 ________ 샤니는 없어요.

(5) A 어제 다니엘과 샤오동을 만났어요?
B 다니엘은 ________ 샤오동은 안 만났어요.

(6) A 영어와 중국어를 다 할 수 있어요?
B 아니요. 영어는 ________ 중국어는 못해요.

3. 관계있는 것을 연결해 보세요. 그리고 문장을 완성해 보세요.

(1) 조금 전에 비가 왔어요. •　　• ① 재미있어요.
(2) 브루나는 커피를 좋아해요. •　　• ② 올해는 못 갔어요.
(3) 요가 수업은 조금 힘들어요. •　　• ③ 리카는 안 좋아해요.
(4) 작년에는 고향에 자주 갔어요. •　　• ④ 지금은 비가 그쳤어요.

(1) 조금 전에 비가 왔지만 지금은 비가 그쳤어요.
(2) 브루나는 ________.
(3) 요가 수업은 ________.
(4) 작년에는 고향에 ________.

더 알아보기 ① N은/는

p.84

1. 표를 완성해 보세요.

N	은	N	는
공원	공원은	언니	
선생님		취미	

2. 표를 보고 문장을 완성해 보세요.

	☺	☹
(1)	냉면	라면
(2)	탁구	테니스
(3)	저	동생
(4)	서울	부산

(1) 냉면은 좋아해요. 라면은 안 좋아해요.

(2) ______ 칠 수 있어요. ______ 칠 수 없어요.

(3) ______ 수영을 잘해요. ______ 수영을 못해요.

(4) 오늘 ______ 날씨가 좋아요. ______ 날씨가 안 좋아요.

더 알아보기 ② V-아요/어요

p.91

1. 표를 완성해 보세요.

V	-아요	V	-어요
찾다	찾아요	쓰다	
보다		듣다	

2. 대화를 완성해 보세요.

(1) A 제이슨 씨, 오늘 점심에 피자 어때요?
B 좋아요. 우리 피자 먹어요. (먹다)

(2) A 샤니 씨, 우리 내일 2시에 ______. (만나다)
B 네. 좋아요.

(3) A 레아 씨, 여기 경치가 좋아요.
B 그럼 우리 같이 사진 ______. (찍다)

(4) A 리카 씨, 시간이 있으면 같이 ______. (쇼핑하다)
B 미안해요. 약속이 있어요.

듣기

1. 문장을 듣고 써 보세요.

7

(1) ____________________

(2) ____________________

(3) ____________________

(4) ____________________

(5) ____________________

2. 알맞은 것을 골라 보세요. 그리고 들어 보세요.

8

(1)

A ____________________?

B 아니요. 내일은 눈이 그치고 맑을 거예요.

① 내일도 눈이 와요 ② 내일 날씨는 어때요

(2)

A 요즘 바람이 불고 비가 와요. 그러니까 ____________________.

B 네. 알겠어요. 고마워요.

① 우산을 사고 싶어요 ② 우산을 꼭 가져가세요

(3)

A 여름에 뭘 자주 먹어요?

B ____________________. 그래서 팥빙수를 자주 먹어요.

① 전 팥빙수를 좋아해요 ② 같이 팥빙수를 먹으러 가요

말하기

1. 알맞은 것을 골라 빈칸에 써 보세요. 그리고 말해 보세요.

준비는 다 했어요 | 언제 파리에 올 거예요 | 춥고 바람이 많이 불어요

레아 지유 씨, (1) ______________________?

지유 12월에 갈 거예요.

레아 (2) ______________________?

지유 아니요. 아직 못 했어요. 그런데 파리의 12월 날씨는 어때요?

레아 파리는 12월에 (3) ______________________. 장갑하고 목도리를 꼭 가져오세요.

지유 네. 알겠어요. 고마워요.

2. 대화를 완성해 보세요.

제이슨 다니엘 씨, (1) ______________________?

다니엘 비가 오면 집에서 쉴 거예요.

제이슨 그래요? 그런데 (2) ______________________?

다니엘 비가 안 오고 날씨가 좋으면 한강 공원에 갈 거예요.

제이슨 거기에서 뭐 할 거예요?

다니엘 산책도 하고 자전거도 탈 거예요.

(3) ______________________.

1 이번 주말 | 뭐 하다? / 비 | 오다 → 집 | 쉬다

2 그런데 날씨 | 좋다 → 뭐 하다? / 비× + 날씨 | 좋다 → 한강 공원 | 가다

3 거기 | 뭐 하다? / 산책 | 하다 + 자전거 | 타다 시간 | 있다 → 제이슨 씨 | 같이 가다

3. 리카와 샤니가 주말 계획에 대해 이야기해요. 대화를 만들고 말해 보세요

1 이번 주말 | 뭐 하다? / 비 | 오다 → 집 | 책 | 읽다

2 그런데 날씨 | 좋다 → 뭐 하다? / 비× + 날씨 | 좋다 → 민속촌 | 가다

3 거기 | 뭐 하다? / 한복 | 입다 + 사진 | 찍다 시간 | 있다 → 리카 씨 | 같이 가다

읽기

1. 다음을 읽어 보세요.

from 타나펀(tana@ewha.edu)	
to 올리버(oliver@ewha.edu)	
title 올리버 씨, 저 타나펀이에요.	7. 10

올리버 씨에게

올리버 씨, 저 타나펀이에요. 잘 지내요? 요즘 방콕은 날씨가 많이 덥고 비가 자주 와요. 시드니는 어때요? 제가 다음 달에 시드니에 여행을 갈 거예요.

……

from 올리버(oliver@ewha.edu)	
to 타나펀(tana@ewha.edu)	
title Re: 올리버 씨, 저 타나펀이에요.	7. 11

타나펀 씨에게

타나펀 씨, 안녕하세요? 저는 잘 지내고 있어요.

시드니는 6월부터 8월까지 겨울이에요. 그래서 요즘 날씨가 춥고 눈도 내려요. 8월에 호주에 오면 스키장에 가세요. 날씨가 춥지만 스키를 타면 춥지 않고 재미있어요. 그리고 저녁에는 강 근처에서 야경을 보세요. 야경이 아주 예뻐요.

타나펀 씨, 시드니에 오면 만나요. 그럼 또 연락하세요.

올리버 드림

2. 다시 읽고 답해 보세요.

(1) 알맞은 것을 연결해 보세요.

	•	더워요.
① 방콕 •	•	추워요.
② 시드니 •	•	비가 와요.
	•	눈이 내려요.

(2) 내용과 다른 것을 골라 보세요.

① 타나펀은 8월에 시드니에 갈 거예요.

② 8월에 시드니에서 스키를 탈 수 있어요.

③ 올리버와 타나펀은 시드니에서 같이 야경을 볼 거예요.

쓰기

1. 다음은 레아가 좋아하는 계절과 활동에 대한 설문지(survey)예요. 다음을 보고 글을 써 보세요.

☑ 무슨 계절을 좋아합니까?
- 가을

☑ 그 계절의 날씨는 어떻습니까?
- 덥지 않고 시원해요.

☑ 그 계절에 어떤 활동을 많이 합니까?
- 한강 공원에서 산책을 해요, 자전거를 타요, 야경을 봐요.
- 북한산에서 등산을 해요, 단풍 구경을 해요, 산 근처 카페에서 쉬어요.

한국의 가을

무슨 계절을 좋아합니까?	저는 한국의 가을을 좋아합니다.
그 계절의 날씨는 어떻습니까?	
그 계절에 어떤 활동을 많이 합니까?	
	그래서 저는 가을을 아주 즐겁게 보낼 수 있습니다.

11 단원 교통 Transportation

어휘와 표현 ❶ 교통수단

p.102

1. 어휘를 찾고 써 보세요.

갈	착	비	영	가
(1) 버	타	지	행	출
올	스	하	도	기
려	내	철	발	졸
사	자	전	거	개

(1) 470번 버스 을/를 타세요.

(2) 방콕에서 ________ 으로/로 왔어요.

(3) 다음 역에서 ________ 을/를 갈아타세요.

(4) 저는 자주 공원에서 ________ 을/를 타요.

2. 그림을 보고 대화를 완성해 보세요.

(1) 

A 공항에 어떻게 갔어요?

B 공항버스로 갔어요.

(2) 

A 명동에 어떻게 갔어요?

B ________.

(3) 

A 부산에 어떻게 왔어요?

B ________.

(4) 

A 고향에 어떻게 갈 거예요?

B ________.

(5) 

A 보통 회사에 어떻게 와요?

B ________.

(6) 

A 제주도에 어떻게 갈 거예요?

B ________.

1. 알맞은 것을 연결해 보세요.

(1)  •　　　　• ① 내려가요.

(2)  •　　　　• ② 도착해요.

(3)  •　　　　• ③ 들어가요.

(4)  •　　　　• ④ 올라가요.

2. 다음은 경복궁에서 이대역까지 오는 방법이에요. 그림을 보고 문장을 완성해 보세요.

(1)  →

경복궁역에서 지하철을 타요.

(2) 

→

을지로3가역에서 ______________________.

(3)  →

지하철 이대역에서 ______________________.

(4) 

3번 출구로 ______________________.

V-으려고 하다/려고 하다

pp.103~104

1. 표를 완성해 보세요.

V	-으려고 하다	V	-려고 하다
먹다	먹으려고 해요	보내다	
찾다		취직하다	
듣다		살다	

2. 알맞은 것을 골라 대화를 완성해 보세요.

묻다　　사다　　찍다　　마시다

(1) A 동생 생일 선물을 샀어요?
B 아니요. 오늘 사려고 해요.

(2) A 수업 후에 뭐 할 거예요?
B 카페에서 책도 읽고 커피도 ________.

(3) A 레아의 집 주소를 알아요?
B 아니요. 그래서 브루나에게 ________.

(4) A 주말에 산에 갈 거예요?
B 네. 단풍도 구경하고 사진도 ________.

3. 표를 보고 '-으려고 하다/려고 하다'를 사용해서 문장을 완성해 보세요.

이름	토요일	일요일
샤니	놀이공원에서 놀이기구를 타다	빨래를 하다
레아	소설책을 읽다	빵을 만들다

(1) 샤니는 토요일에 놀이공원에서 놀이기구를 타려고 해요.

(2) 샤니는 일요일에 ________.

(3) 레아는 토요일에 ________.

(4) 레아는 일요일에 ________.

1. 표를 완성해 보세요.

N	으로	N	로
5층	5층으로	위	
지하철역		서울	

2. 그림을 보고 대화를 완성해 보세요.

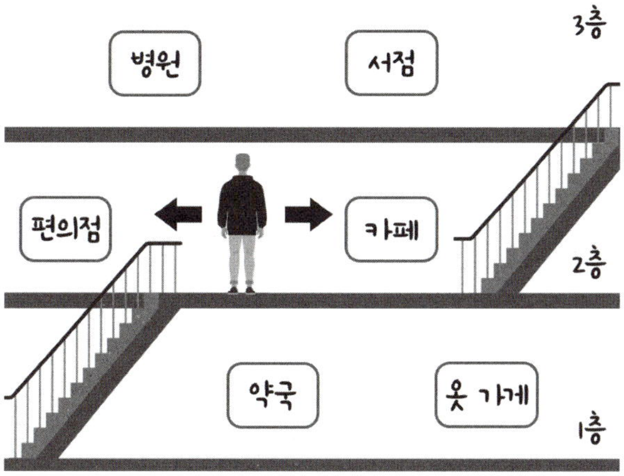

(1) A 여기에 카페가 있어요?
B 네. 오른쪽으로 가세요.

(2) A 편의점도 있어요?
B 네. ________ 가세요.

(3) A 서점이 어디에 있어요?
B ________ 올라가세요.

(4) A 옷 가게가 어디에 있어요?
B ________ 내려가세요.

(5) A 근처에 약국이 있어요?
B 네. ________ 내려가세요.

(6) A 병원은 어디예요?
B 3층이에요. ________ 올라가세요.

3. '으로/로'를 사용해서 대화를 완성해 보세요.

(1) A 이 버스 이화여대에 가요?
B 네. 이화여대로 가요. 타세요.

(2) A 김 선생님을 만나고 싶어요.
B 김 선생님은 교실에 있어요. ________.

(3) A 우리 반 모임을 어디에서 해요?
B 학생 식당에서 할 거예요. 수업 후에 ________ ________.

(4) A 이번 여행은 어디로 갈 거예요?
B 부산에 가고 싶었어요. 그래서 ________ ________.

문법 ③ V-아야 되다/어야 되다

pp.112~113

1. 표를 완성해 보세요.

V	-아야 되다	V	-어야 되다
닫다	닫아야 돼요	먹다	
자다		쉬다	
모으다		듣다	

2. 대화를 완성해 보세요.

A

(1) 집을 찾다 B 집을 찾아야 돼요.

(2) 비자를 받다 B ____________________.

(3) 일을 그만두다 B ____________________.

(4) 입학시험을 보다 B ____________________.

(5) 한국어를 배우다 B ____________________.

(6) 비행기 표를 예매하다 B ____________________.

3. 알맞은 것을 골라 대화를 완성해 보세요.

가다	오다	있다	출발하다

(1) A 내일 학교에 몇 시까지 와야 돼요?

B 9시에 수업이 시작해요. 9시까지 와야 돼요.

(2) A 명동까지 시간이 얼마나 걸려요? 2시에 명동에서 약속이 있어요.

B 그래요? 그럼 지금 ____________________. 빨리 가세요.

(3) A 오늘 수업 후에 같이 점심 먹어요.

B 미안해요. 친구가 한국에 와요. 그래서 공항에 ____________________.

(4) A 일요일에 한국어능력시험을 봐요. 뭘 가져가야 해요?

B 신분증이 꼭 ____________________. 신분증이 없으면 시험을 못 봐요.

더 알아보기 ❶ N으로/로(수단)

p.102

1. 표를 완성해 보세요.

N	으로	N	로
사진	사진으로	기차	
손		연필	

2. 알맞은 것을 골라 ○표 해 보세요.

(1) 이 비누(으로, (로)) 손을 씻으세요.

(2) 여기에 볼펜(으로, 로) 이름을 쓰세요.

(3) 다니엘은 회사에 지하철(으로, 로) 가요.

(4) 주말에 컴퓨터(으로, 로) 영화를 봤어요.

(5) 콘서트 표는 인터넷(으로, 로) 예매할 수 있어요.

(6) 여행에서 사진을 휴대 전화(으로, 로) 찍을 거예요.

더 알아보기 ❷ N에서 N까지

p.105

1. 표를 완성해 보세요.

N	에서	N	까지
부산	부산에서	서울	
학교		마트	

2. 그림을 보고 '에서, 까지'를 사용해서 문장을 써 보세요.

(1) 집 ———  ——→ 학교　　집에서 학교까지 자전거로 가요.

(2) 백화점 ———  ——→ 집　　________________.

(3) 이대역 ———  ——→ 강남　　________________.

(4) 인천 ———  ——→ 파리　　________________.

(5) 경복궁 ———  ——→ 명동　　________________.

듣기

1. 문장을 듣고 써 보세요. 9

(1) ______________________

(2) ______________________

(3) ______________________

(4) ______________________

(5) ______________________

2. 알맞은 것을 골라 보세요. 그리고 들어 보세요. 10

(1)
A 내일 오전 6시 비행기예요?
B 네. 그래서 오늘 일찍 ______________.

① 자려고 해요　　② 비행기를 타려고 해요

(2)
A 서울역까지 지하철로 갈 수 있어요?
B 네. 그렇지만 ______________. 버스가 편해요.

① 버스는 자주 안 와요　　② 지하철은 갈아타야 돼요

(3)
A 이대역에서 광화문까지 지하철로 어떻게 가요?
B ______________.

① 이대역 5번 출구에 있어요　　② 충정로역에서 5호선으로 갈아타세요

말하기

1. 알맞은 것을 골라 빈칸에 써 보세요. 그리고 말해 보세요.

버스로 갈 수 있어요	시간이 얼마나 걸려요	여기에서 강남까지 어떻게 가요

브루나　내일 수업 후에 친구를 만나러 강남에 가려고 해요. (1) ______________________?

다니엘　지하철 2호선을 타세요.

브루나　혹시 (2) ______________________?

다니엘　네. 학교 앞에서 470번 버스를 타면 갈 수 있어요.

브루나　(3) ______________________?

다니엘　버스는 1시간쯤 걸리고 지하철은 50분쯤 걸려요.

2. 대화를 완성해 보세요.

다니엘　서준 씨, (1) ______________________?

서준　네. 있어요.

다니엘　여기에서 어떻게 가요?

서준　똑바로 가세요. 그러면 병원이 있어요.

(2) ______________________.

다니엘　거기에 식당이 있어요?

서준　네. (3) ______________________.

1
혹시 학교 근처 | 식당 | 있다?
네. 있다

2
여기 | 어떻게 가다?
똑바로 가다 그러면 병원 | 있다 병원 | 왼쪽 | 가다

3
거기 | 식당 | 있다?
네. 병원 옆 | 있다

3. 제이슨과 샤오동이 우체국에 가는 길에 대해 이야기해요. 대화를 만들고 말해 보세요.

1
혹시 학교 근처 | 우체국 | 있다?
네. 있다

2
여기 | 어떻게 가다?
똑바로 가다 그러면 편의점 | 있다 편의점 | 오른쪽 | 가다 사거리 | 나오다

3
사거리 | 우체국 | 있다?
네. 약국 맞은편 | 있다

읽기

1. 다음을 읽어 보세요.

생일 파티에 초대합니다!

안녕하세요? 저는 리카예요. 잘 지냈어요?

이번 주 토요일에 제 생일 파티를 하려고 해요. 장소는 학교 근처 이탈리아노예요. 이탈리아노에서 피자와 스파게티를 먹을 거예요. 그리고 식사 후에 노래방에 가려고 해요. 생일 파티에 꼭 오세요. 모두 토요일에 만나요!

날짜 7월 16일(토)

시간 저녁 7시

장소

▶ 학교 정문에서 똑바로 50m쯤 가세요. 거기에 사거리가 있어요. 그 사거리에서 왼쪽으로 가세요. 그러면 카페 맞은편에 이탈리아노가 있어요. 빵집 옆에 있어요.

2. 다시 읽고 답해 보세요.

(1) 생일 파티 장소로 맞는 것을 골라 보세요.

①
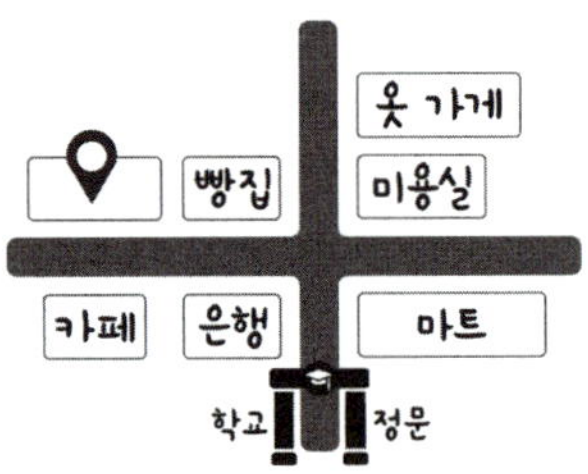

②
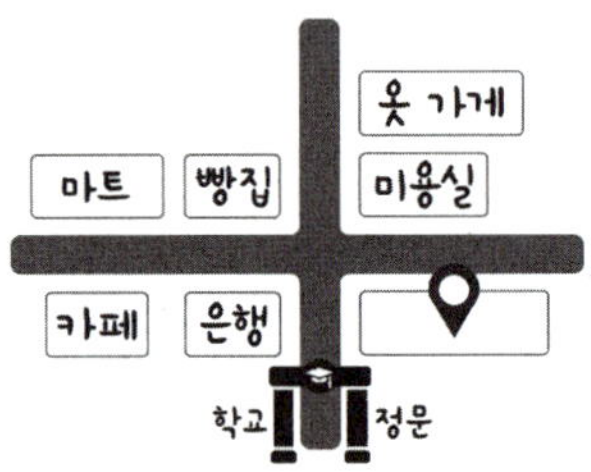

③
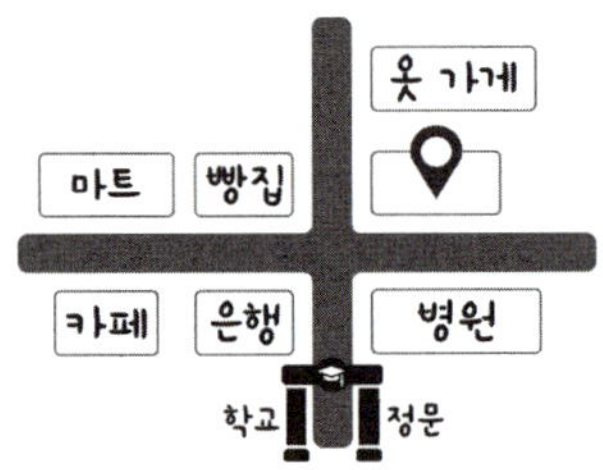

(2) 내용과 다른 것을 골라 보세요.

① 식당에서 생일 파티를 하려고 해요.

② 친구들과 같이 노래를 부르려고 해요.

③ 주말 점심에 생일 파티를 하려고 해요.

쓰기

1. 다음은 샤오동의 대중교통 이용 경험에 대한 메모예요. 다음을 보고 글을 써 보세요.

언제?	일주일 전
어디?	서울 → 강릉
왜?	친구가 강릉에 살아요. 친구를 만나러 갔어요.
서울역 → 강릉역 어떻게?	서울역 → 강릉역, 기차 • 의자가 컸어요. • 무료로 와이파이(Wi-Fi)를 이용할 수 있었어요. • 경치를 볼 수 있었어요.
강릉역 → 숙소 어떻게?	강릉역 → 숙소, 택시 (버스 정류장, 사람이 많았어요.) • 택시 안이 깨끗했어요. • 교통 카드로 택시를 이용할 수 있었어요.

서울에서 강릉까지

언제, 어디에 갔습니까?

저는 일주일 전에 강릉으로 여행을 갔습니다. 제 친구가 강릉에

거기에 왜 갔습니까?

삽니다.

거기에 어떻게 갔습니까?

그 대중교통은 어땠습니까?

서울역에서 강릉역까지 기차로 갔습니다.

______

______

기차와 택시 이용이 힘들지 않았습니다.

그래서 한국에서 대중교통을 자주 이용하려고 합니다.

12 단원 약속 Appointments

어휘와 표현 ❶ 상태 ②

p.122

1. 그림을 보고 써 보세요.

(1) 밝아요.

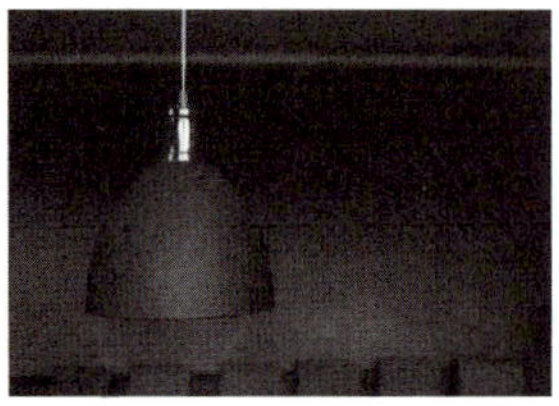

(2) ____________.

(3) ____________.

(4) ____________.

(5) ____________.

(6) ____________.

(7) ____________.

(8) ____________.

2. 알맞은 것을 골라 대화를 완성해 보세요.

편하다	깨끗하다	복잡하다	친절하다

(1) A 방이 너무 깨끗해요.
B 오늘 아침에 청소했어요.

(2) A 왜 그 카페에 자주 가요?
B 카페 점원이 ____________. 그래서 자주 가요.

(3) A 어제 학교 앞에서 이 신발을 샀어요.
아주 ____________.
B 와! 저도 사고 싶어요.

(4) A 아침에 학교에 버스로 와요?
B 아니요. 아침에 버스 안이 ____________.
그래서 보통 걸어서 와요.

p.127

1. 관계있는 것을 연결해 보세요.

(1) 예매하다	① A 주말에 뭐 할 거예요? B 친구와 영화를 볼 거예요.
(2) 약속이 있다	② A 지금 뭐 하고 있어요? B 콘서트 표를 사고 있어요.
(3) 약속을 하다	③ A 수업 후에 뭐 할 거예요? B 별일 없어요.
(4) 약속이 없다	④ A 주말에 같이 공연을 볼까요? B 네. 좋아요. 같이 봐요.
(5) 약속을 취소하다	⑤ A 오늘 아파서 만날 수 없어요. B 그래요? 알겠어요. 잘 쉬세요.
(6) 약속을 잊어버리다	⑥ A 지금 어디예요? 저는 약속 장소에 도착했어요. B 우리 약속이 오늘이었어요? 미안해요.

2. 알맞은 것을 골라 문장을 완성해 보세요.

늦다	바꾸다	정하다	지키다	연기하다

(1) 친구는 약속을 잘 지켜요. 약속을 하면 약속 시간에 늦지 않아요.

(2) 동아리 친구들과 모임을 할 거예요. 그런데 아직 약속 시간을 안 ______________.

(3) 오늘 친구들과 2시에 약속이 있었어요. 그런데 길이 막혀서 약속에 ______________.

(4) 오늘 숙제가 많아서 친구를 못 만났어요. 그래서 오늘 약속을 다음 주로 ______________.

(5) 오늘 친구와 행복식당에서 만나려고 했어요. 그런데 행복식당이 오늘 문을 닫아서 약속 장소를 ______________.

문법 ❶ V-을까요?/ㄹ까요?

pp.123~124

1. 표를 완성해 보세요.

V	-을까요?	V	-ㄹ까요?
읽다	읽을까요?	사다	
먹다		하다	
듣다		열다	

2. 그림을 보고 대화를 완성해 보세요.

(1) 

A 내일 영화를 볼까요 ?

B 네. 좋아요.

(2) 

A 같이 테니스를 ________?

B 좋아요. 같이 쳐요.

(3) 

A 같이 커피를 ________?

B 좋아요. 같이 마셔요.

(4) 

A 여기에 ____________?

B 좋아요. 여기에 앉아요.

(5) 

A 저녁에 자전거를 ________?

B 미안해요. 저녁에 약속이 있어요.

(6) 

A 우리 여기에서 사진을 ____________?

B 좋아요. 제 휴대 전화로 찍어요.

3. 알맞은 것을 골라 문장을 완성해 보세요.

가다	닫다	받다	도와주다

(1) 회사 동료가 바빠요. 그래서 전화를 못 받아요. ⇨ 전화를 받을까요 ?

(2) 친구하고 등산 약속이 있어요. 그런데 밖에 눈이 와요. ⇨ 등산은 다음에 ____________?

(3) 숙제가 어려워요. 그래서 친구가 숙제를 못 하고 있어요. ⇨ 숙제를 ____________?

(4) 친구와 같이 공부하고 있어요. 그런데 밖이 너무 시끄러워요. ⇨ 창문을 ____________?

문법 ❷ A/V-아서/어서

pp.128~129

1. 표를 완성해 보세요.

A/V	-아서	A/V	-어서
작다	작아서	맛있다	
보다		읽다	
가다		학생이다	

2. 관계있는 것을 연결해 보세요. 그리고 써 보세요.

(1) 비가 와요. • • ① 수업이 없어요.

(2) 머리가 아파요. • • ② 택시를 탔어요.

(3) 약속에 늦었어요. • • ③ 우산을 샀어요.

(4) 커피를 좋아해요. • • ④ 약을 먹었어요.

(5) 예매를 못 했어요. • • ⑤ 영화를 못 봤어요.

(6) 내일 토요일이에요. • • ⑥ 카페에 자주 가요.

(1) 비가 와서 우산을 샀어요 . (2) ______________________.

(3) ______________________. (4) ______________________.

(5) ______________________. (6) ______________________.

3. 알맞은 것을 골라 글을 완성해 보세요.

차가 많다	시간이 없다	버스가 안 오다	알람 소리를 못 듣다

저는 보통 7시 30분에 일어납니다. 그런데 오늘 아침에 (1) 알람 소리를 못 들어서 8시에 일어났습니다. (2) ______________________ 아침을 못 먹었습니다. 그리고 버스를 타러 버스 정류장에 갔습니다. 그런데 (3) ______________________ 버스를 많이 기다렸습니다. 그리고 (4) ______________________ 길이 막혔습니다. 그래서 9시 30분쯤 학교에 도착했습니다. 오늘 아침에 정말 힘들었습니다.

문법 ③ V-고

pp.132~133

1. 표를 완성해 보세요.

V	-고	V	-고
찾다	찾고	가다	
앉다		공부하다	
걷다		살다	

2. 대화를 완성해 보세요.

(1) A 어제 뭐 했어요?

B 음악을 듣고 집에서 쉬었어요.

(음악을 듣다 → 집에서 쉬다)

(2) A 주말에 보통 뭐 해요?

B ______________________.

(책을 읽다 → 친구를 만나다)

(3) A 언제 유학을 갈 거예요?

B ______________________.

(졸업하다 → 유학을 가다)

(4) A 요즘 어떻게 지내고 있어요?

B ______________________.

(일을 그만두다 → 요리를 배우다)

3. 그림을 보고 글을 완성해 보세요.

(1) 수업이 끝나고 반 친구들과 같이 신촌에 갔어요. 먼저 식당에서 (2) ______________ 커피를 마셨어요. 그다음에 영화관에서 (3) ______________ 사진을 찍었어요. 마지막으로 공원에서 (4) ______________ 집에 갔어요.

더 알아보기 ① V-기

p.136

1. 표를 완성해 보세요.

V	-기	V	-기
입다	입기	오다	
찾다		숙제하다	
듣다		만들다	

2. 그림을 보고 대화를 완성해 보세요.

(1) 

책 읽기예요.

(2) 

________________.

(3) 

________________.

(4) 

________________.

(5) 

________________.

(6) 

________________.

3. 대화를 완성해 보세요.

(1) A 올해 계획이 뭐예요?
B 영어 공부하기예요. (공부하다)

(2) A 한국어 공부가 어때요?
B 재미있어요. 그런데 __________ 어려워요. (말하다)

(3) A 우리 축구하러 갈까요?
B 미안해요. 더워서 __________ 싫어요. (나가다)

(4) A 남자 친구를 매일 만나요?
B 아니요. 남자 친구가 바빠서 매일 __________ 힘들어요. (만나다)

듣기

1. 문장을 듣고 써 보세요.

11

(1) ______________________________

(2) ______________________________

(3) ______________________________

(4) ______________________________

(5) ______________________________

2. 알맞은 것을 골라 보세요. 그리고 들어 보세요.

12

(1)

A 반 모임을 ______________________________?

B 이화식당에서 해요.

① 언제 할까요　　② 어디에서 할까요

(2)

A 우리 지하철역 앞에서 만날까요?

B 아니요. ______________________________.

① 지하철역 앞에서 만나요　　② 지하철역 앞은 복잡해요

(3)

A ______________________________?

B 내일 친구가 고향에 돌아가서 송별회를 하려고 해요.

① 수업 끝나고 뭐 했어요　　② 수업 끝나고 뭐 할 거예요

말하기

1. 알맞은 것을 골라 빈칸에 써 보세요. 그리고 말해 보세요.

별일 없어요　　카페에 갈까요　　도서관에서 2시에 봐요

올가　브루나 씨, 수업 후에 시간이 있어요?
브루나　네. (1) ______________________. 왜요?
올가　그럼 우리 같이 공부할까요?
브루나　좋아요. 그럼 우리 (2) ______________________?
올가　거긴 편하지만 조금 시끄러워요. 도서관에 가면 어때요?
브루나　그래요. 그럼 (3) ______________________.

2. 대화를 완성해 보세요.

샤니　미안하지만 오늘 약속을 (1) ______________?
레아　왜요? 무슨 일이 있어요?
샤니　(2) ______________________. 정말 미안해요.
레아　아니에요. 괜찮아요.
　　그럼 (3) ______________________?
샤니　일요일은 괜찮아요.
레아　그럼 그날 만나요.

1
미안하지만 오늘 약속 | 주말 | 바꾸다?
왜? 무슨 일 | 있다?

2
숙제 | 많다 | 숙제하다 미안하다
아니다 | 괜찮다 그럼 일요일 | 어떻다?

3
일요일 | 괜찮다
그럼 그날 만나다

3. 타나펀과 리카가 약속 변경에 대해 이야기해요. 대화를 만들고 말해 보세요.

1
미안하지만 이번 주 금요일 약속 | 다음 주 | 바꾸다?
왜? 무슨 일 | 있다?

2
반 친구 생일 파티 | 있다 | 가다 미안하다
아니다 | 괜찮다 그럼 다음 주 월요일 | 어떻다?

3
다음 주 월요일 | 괜찮다
그럼 그날 만나다

읽기

1. 다음을 읽어 보세요.

7월 7일 금요일

오늘 다니엘과 6시 30분에 약속이 있었습니다. 다니엘이 6시에 퇴근해서 6시 30분으로 약속 시간을 정했습니다. 그런데 5시쯤 다니엘한테서 연락이 왔습니다. 다니엘 회사에 회의가 있어서 6시 30분까지 올 수 없었습니다. 그래서 약속을 7시로 바꿨습니다. 저도 오늘 숙제가 많아서 7시도 괜찮았습니다. 우리는 7시에 먼저 저녁을 먹고 영화를 봤습니다. 밥도 맛있었고 영화도 재미있었습니다.

2. 다시 읽고 답해 보세요.

(1) 다니엘은 왜 약속 시간을 바꿨어요?

____.

(2) 내용과 같은 것을 골라 보세요.

① 약속 시간을 6시 반에서 7시로 바꿨어요.

② 저는 약속 시간을 바꿔서 기분이 안 좋았어요.

③ 저와 다니엘은 먼저 영화를 봤어요.

쓰기

1. 다음은 타나펀이 자신과 한 약속에 대한 방학 계획 체크리스트(checklist)예요. 다음을 보고 글을 써 보세요.

나와의 약속: 맛집 여행하기!

이유: 한국 음식을 좋아해요. 한국 맛집에 가고 싶어요. 바빠서 못 갔어요.

체크리스트	
지금까지 준비	앞으로 계획
☑ 인터넷으로 맛집 찾기	☐ 맛집 예약하기, 맛집 가기
☑ 맛집 주소 찾기	☐ 삼겹살, 비빔밥, 한정식 먹기
☑ 친구와 약속하기	☐ 맛집에서 사진 찍기

나와의 약속, 맛집 여행하기!

자신과 무슨 약속을 했습니까?

저는 가끔 제 자신과 약속을 합니다. 방학을 잘 보내고 싶어서 방학 계획으로 저와 약속을 했습니다. 그 약속은 바로 '맛집 여행하기'입니다.

왜 그 약속을 했습니까?

저는 ____________________

지금까지 어떻게 준비했습니까?

____

앞으로 어떻게 할 겁니까?

____

이번 방학을 기다리고 있습니다. 방학을 잘 보내고 싶습니다.

부록

문법 설명

듣기 지문 및 정답

문법 설명

7 단원 주말

1. 안 A/V

의미

▶ **'안'은 형용사, 동사에 붙어 어떤 상태나 동작의 부정 또는 반대의 의미를 나타내요.**

Ⓔ 안 is attached to an adjective or a verb to indicate negative or opposite meaning of a state or an action.

Ⓙ 「안」は形容詞、動詞に付いて、ある状態や動作の否定あるいは反対の意味であることを表します。

中 "안"和形容词、动词相接，表示某种状态、动作的否定式或是相反的意思。

㊥ 「안」和形容詞、動詞相接，表示某種狀態或動作的否定或是相反的意思。

안 + 형용사, 동사　　예) **안** 바빠요, **안** 좋아해요

유의

◆ **'운동하다, 산책하다'처럼 'N하다' 동사는 'N 안 하다'로 써요.**

Ⓔ For verbs following the pattern N하다 like 운동하다, 산책하다, the negative form is expressed as N 안 하다.

Ⓙ 「안」を「운동하다、산책하다」などの「N하다」動詞とともに使うときは「N 안 하다」のように表します。

中 例如"운동하다、산책하다"等"N하다"这类型的动词，写成"N 안 하다"。

㊥ 例如「운동하다、산책하다」等「N하다」這類型的動詞，寫成「N 안 하다」。

- 주말에 운동 **안 해요**. (○)
  주말에 안 운동해요. (×)

◆ **'이다', '있다'와 같이 부정어가 따로 있는 경우에 '안'을 사용할 수 없어요.**

Ⓔ In cases where there are separate negative forms like 아니다 for 이다 and 없다 for 있다, 안 cannot be used for negation.

* 中 중국어간체판 ㊥ 중국어번체판

㊐「이다」、「있다」のように否定表現が別にある場合は「안」を使うことができません。

㊥ 像“이다”、“있다”这类有互相对应的否定词的情况下，不可以使用“안”。

㊥ 像「이다」、「있다」這類有互相對應的否定詞的情況下，不可以使用「안」。

- 민재는 학생이 **아니에요**. (○)
  민재는 안 학생이에요. (×)
- 저는 주말에 약속이 **없어요**. (○)
  저는 주말에 약속이 안 있어요. (×)

2. A/V-았어요/었어요

의미

▶ **'-았어요/었어요'는 형용사, 동사, '이다'에 붙어 과거에 일어난 일이나 상태를 말할 때 사용해요. 형용사나 동사 어간의 끝음절 모음이 'ㅏ, ㅗ' 인 경우 '-았어요'를 사용하고 형용사나 동사 어간의 끝음절 모음이 'ㅏ, ㅗ'가 아닌 경우 '-었어요'를 사용해요.**

Ⓔ -았어요/었어요 is attached to an adjective, a verb, or 이다 to describe things or states that have happened in the past. -았어요 is used when the last vowel of the adjective or verb sstem is ㅏ or ㅗ, while -었어요 is used with all the other vowels.

㊐ 「-았어요/었어요」は形容詞、動詞、「이다」に付いて、過去に起きた出来事や状態を話すときに使います。形容詞や動詞の語幹の最後の音節に母音「ㅏ、ㅗ」がある場合は「-았어요」、母音が「ㅏ、ㅗ」以外の場合は「-었어요」を使います。

㊥ “-았어요/었어요”接在形容词、动词、“이다”后，在说过去所发生的事情或状态时使用。当形容词或动词词干的最后一个音节母音为“ㅏ、ㅗ”时，使用“-았어요”；最后一个音节母音不是“ㅏ、ㅗ”时，使用“-었어요”。

㊥ 「-았어요/었어요」接在形容詞、動詞、「이다」後，在說過去所發生的事情或狀態時使用。當形容詞或動詞詞幹的最後一個音節母音為「ㅏ、ㅗ」時，使用「-았어요」；最後一個音節母音不是「ㅏ、ㅗ」時，使用「-었어요」。

'ㅏ, ㅗ' 모음 + -았어요　　예) 좋**았어요**, 갔**어요**
'ㅏ, ㅗ' 외의 모음 + -었어요　　예) 먹**었어요**

유의

◆ **'하다'는 '했어요'를 사용해요.**

Ⓔ For the verb 하다, 했어요 is used.

㊐ 「하다」は「했어요」となります。

㊥ “하다”使用“했어요”。

㊥ 「하다」使用「했어요」。

- 제이슨은 주말에 운동**했어요**.
- 브루나는 아침에 청소**했어요**.

◆ **'이다'는 앞의 명사에 받침이 있으면 '-이었어요'를 쓰고 받침이 없으면 '-였어요'를 써요.**

Ⓔ For N이다, when the noun ends with a consonant, -이었어요 is used. If the noun ends in a vowel, -였어요 is used.

㊐ 「이다」は前の名詞にパッチムがあるときは「-이었어요」、パッチムがないときは「-였어요」となります。

㊥ "이다"前面的名词有收音的话使用"-이었어요", 没有收音的话使用"-였어요"。

㊥ 「이다」前面的名詞有收音的話使用「-이었어요」, 沒有收音的話使用「-였어요」。

- 그 사람은 학생**이었어요**.
- 우리는 친구**였어요**.

---

3. N에서

의미

▶ **'에서'는 장소를 나타내는 명사에 붙어 어떤 행동이 일어나는 장소임을 나타낼 때 사용해요.**

Ⓔ 에서 is attached to a noun that indicates a place and is used to tell where an action takes place.

㊐ 「에서」は場所を表す名詞に付いて、ある行動が起こる場所であることを表すときに使います。

㊥ "에서"连接表示地点的名词, 表示发生某种行动的地点时使用。

㊥ 「에서」連接表示地點的名詞, 表示發生某種行動的地點。

받침 ○ + 에서　　예) 교실**에서**
받침 × + 에서　　예) 학교**에서**

유의

◆ **'여기, 거기, 저기'에 '에서'를 쓸 때는 '여기서, 거기서, 저기서'로 줄여서 쓸 수 있어요.**

Ⓔ When 에서 is attached to 여기, 거기, 저기, they can be shortened to 여기서, 거기서, 저기서.

㊐ 「에서」を「여기、거기、저기」とともに使うときは「여기서、거기서、저기서」のように縮約して表すことができます。

㊥ 当"여기、거기、저기"搭配"에서"一起使用时, 可以略缩成"여기서、거기서、저기서"。

㊥ 當「여기、거기、저기」搭配「에서」一起使用時, 可以略縮成「여기서、거기서、저기서」。

- 저는 보통 **여기서** 버스를 탑니다.
- 주말에 **거기서** 뭐 했어요?

◆ **'에서'는 어떤 행위나 동작이 일어나고 있는 곳임을 나타내요. 그렇지만 '에'는 사람이나 물건이 존재하거나 위치하는 곳임을 나타내요.**

Ⓔ 에서 indicates a place where an action takes place, while 에 indicates the presence or location of a person or object.

Ⓙ 「에서」はある行為や動作が起きている場所であることを示し、「에」は人や物が存在する場所、あるいは位置する場所であることを示します。

Ⓒ "에서"用于表示某个行为或动作发生的地点，但"에"用于表示人或物存在或位于的地点。

Ⓣ 「에서」用於表示某個行為或動作發生的地點，但「에」用於表示人或物存在或位於的地點。

- 샤오동이 식당**에서** 밥을 먹어요. (○)
  샤오동이 식당에 밥을 먹어요. (×)
- 리카가 한국에서 있다. (×)
  리카가 한국**에** 있다. (○)

4. N과/와, N하고, N이랑/랑

의미

▶ **명사에 붙어 누구와 함께 어떤 행위를 함을 나타낼 때 사용해요. 명사의 끝음절에 받침이 있으면 '이랑'으로 써요. 명사의 끝음절에 받침이 없으면 '랑'으로 써요.**

Ⓔ 과/와 is attached to a noun to indicate doing an action with someone. 이랑 is used when the noun ends with a consonant, while 랑 is used when the noun does not end with a consonant.

Ⓙ 「과/와」は名詞に付いて、誰かと一緒にある行為をしたことを表すときに使います。名詞の最後の音節にパッチムがあるときは「이랑」、パッチムがないときは「랑」を使います。

Ⓒ 与名词相接，指和谁一起进行某种行为时使用。名词的最后一个音节如果有收音的话使用"이랑"，没有收音的话使用"랑"。

Ⓣ 與名詞相接，表示和誰一起進行某種行為時使用。名詞的最後一個音節如果有收音的話使用「이랑」，沒有收音的話使用「랑」。

받침 ○ + 과, 하고, 이랑　　예) 동생**과**, 동생**하고**, 동생**이랑**
받침 × + 와, 하고, 랑　　예) 친구**와**, 친구**하고**, 친구**랑**

유의

◆ **'하고'와 '이랑/랑'은 주로 말할 때 사용해요. 그렇지만 '과/와'는 말을 할 때나 글을 쓸 때 모두 사용해요.**

Ⓔ 하고 and 이랑/랑 are usually used in spoken language, while 과/와 is used in both written and spoken language.

日 「하고」と「이랑/랑」は主に話し言葉で使われ、「과/와」は話し言葉と書き言葉の両方で使われます。

中 "하고"和"이랑/랑"主要在说话时使用。但"과/와"在口语或书写时都可以使用。

中 「하고」和「이랑/랑」主要在說話時使用。但「과/와」在口語或書寫時都可以使用。

- 저는 보통 친구**하고** 밥을 먹어요.
- 저는 보통 친구**랑** 밥을 먹어요.
- 저는 보통 친구**와** 밥을 먹어요.

◆ **'하고'와 '이랑/랑'은 격식적인 자리에서 잘 안 써요. 그렇지만 '과/와'는 주로 격식적인 자리에서 써요.**

E 과/와 is usually used in formal situations, while 하고 and 이랑/랑 are not.

日 「하고」と「이랑/랑」は礼儀や格式が重んじられる場面であまり使われませんが、「과/와」はそのような場面でよく使われます。

中 "하고"和"이랑/랑"不太会使用在正式场合中，但"과/와"主要在正式场合中使用。

中 「하고」和「이랑/랑」不太會使用在正式場合中，但「과/와」主要在正式場合中使用。

- 오늘 회의는 문화 센터 직원들**과** 101호에서 오후 2시에 합니다. (○)
  오늘 회의는 문화 센터 직원들하고 101호에서 오후 2시에 합니다. (?)
  오늘 회의는 문화 센터 직원들이랑 101호에서 오후 2시에 합니다. (?)

5. A/V-지 않다

의미

▶ **형용사, 동사에 붙어 어떤 행위 및 상태를 부정할 때 사용해요. 'A/V-지 않다'는 '안 A/V'로 바꿔 쓸 수 있어요.**

E -지 않다 is attached to an adjective or a verb to deny certain actions and states. It can be used as 안 A/V.

日 「-지 않다」は形容詞、動詞に付いて、ある行為及び状態を否定するときに使います。「A/V-지 않다」は「안 A/V」に変えて使うことができます。

中 与形容词，动词相接，否定某种行为或状态时使用。"A/V-지않다"可以换成"안 A/V"使用。

中 「-지 않다」與形容詞、動詞相接，在否定某種行為或狀態時使用。「A/V-지 않다」可以換成「안 A/V」使用。

받침 ○ + -지 않다　　예) 힘들**지 않아요**
받침 × + -지 않다　　예) 가**지 않아요**

유의

◆ **'-지 않다'는 명령문에서 '-지 마세요'로 써요.**

Ⓔ The imperative form of -지 않다 is -지 마세요.

Ⓙ ある行為をしないように言うときは命令表現の「-지 마세요」を使います。

㊥ "-지 않다"在命令句中写成"-지 마세요"。

㊥ 「-지 않다」在命令句中寫成「-지 마세요」。

- 비가 와요. 창문을 열**지 마세요**.
- 도서관에서 전화하**지 마세요**.

8 단원 취미

1. V-고 있다

의미

▶ **동사에 붙어 어떤 동작이 진행됨을 나타내요. 지금 하고 있는 일이나 요즘 하고 있는 일을 설명할 때 사용해요.**

Ⓔ -고 있다 is attached to a verb to indicate that an action is in progress. It is used to explain what people are doing now or what they are doing these days.

Ⓙ 「-고 있다」は動詞に付いて、ある動作が進行していることを表します。今していることや最近していることを説明するときに使います。

㊥ "-고 있다"与动词相接，表示某种动作正在进行。说明现在或最近正在做的事时使用。

㊥ 「-고 있다」與動詞相接，表示某種動作正在進行。說明現在或最近正在做的事。

받침 ○ + -고 있다　　예) 먹**고 있다**
받침 × + -고 있다　　예) 가**고 있다**

유의

◆ **현재 진행의 의미를 확실하게 나타내기 위해 '지금'과 같은 부사를 함께 사용해요.**

Ⓔ It is often used with adverbs like '지금' to clearly convey the meaning of the present progressive tense.

日 現在進行していることを明確に表すために「지금」などの副詞とともに使われます。

中 当为了明确地表示现在正在进行的意思时，会搭配副词“지금”一起使用。

中 當為了明確地表示現在正在進行的意思時，會搭配副詞「지금」一起使用。

- **지금** 비가 오**고 있어요**.
- 저는 **지금** 한국어를 공부하**고 있어요**.

◆ **부정문은 '-고 있지 않다, -지 않고 있다, 안 -고 있다'로 사용해요. '안 -고 있다'는 주로 말할 때 사용해요.**

E The negative form of -고 있다 is either -지 않고 있다 or 안 -고 있다. 안 -고 있다 is often used in spoken language.

日 否定表現は「-고 있지 않다、-지 않고 있다、안 -고 있다」で。話し言葉では主に「안 -고 있다」が使われます。

中 否定型为“-고 있지 않다、-지 않고 있다、안 -고 있다”。“안 -고 있다”主要用于口语。

中 否定型為「-고 있지 않다、-지 않고 있다、안 -고 있다」。「안 -고 있다」主要用於口語。

- 지금 텔레비전을 보**고 있지 않아요**. = 지금 텔레비전을 보**지 않고 있어요.**
  = 지금 텔레비전을 **안** 보**고 있어요.**

2. V-을 수 있다/ㄹ 수 있다

의미

▶ **동사에 붙어 어떤 일을 할 수 있는 능력이 있거나 어떤 상황이나 일이 가능함을 말할 때 사용해요. 동사의 어간 끝음절에 받침이 있으면 '-을 수 있다'를 사용하고, 어간의 끝음절에 받침이 없거나 'ㄹ' 받침으로 끝나면 '-ㄹ 수 있다'를 사용해요. 단, 'ㄹ' 받침으로 끝날 때는 'ㄹ'이 탈락해요.**

E -을 수 있다/ㄹ 수 있다 is attached to a verb to indicate that the subject is capable of doing something or that a certain event is possible. -을 수 있다 is used when the stem of the verb ends with a consonant, while -ㄹ 수 있다 is used when it ends in the final consonant ㄹ or a vowel. When it ends in ㄹ, ㄹ is omitted.

日 「-을 수 있다/ㄹ 수 있다」は動詞に付いて、何かができる能力があったり、ある状況や出来事が可能であることを話すときに使います。動詞の語幹の最後の音節にパッチムがあるときは「-을 수 있다」、パッチムがなかったり「ㄹ」パッチムで終わるときは「-ㄹ 수 있다」を使います。但し、「ㄹ」パッチムで終わる場合は「ㄹ」が脱落します。

中 “-을 수 있다/ㄹ 수 있다”与动词相接，表示做某事的能力或是某种情况、事情有这种可能性时使用。当动词词干的最后一个音节有收音时，使用“-을 수 있다”；最后一个音节没有收音或收音为“ㄹ”时，使用“-ㄹ 수 있다”。但当收音以“ㄹ”结尾时，“ㄹ”脱落。

㊥ 「-을 수 있다/ㄹ 수 있다」與動詞相接，表示做某事的能力、或是某種情況或事情的可能性。當動詞詞幹的最後一個音節有收音時，使用「-을 수 있다」；最後一個音節沒有收音或收音為「ㄹ」時，使用「-ㄹ 수 있다」。但當收音以「ㄹ」結尾時，「ㄹ」脫落。

받침 ㅇ + -을 수 있다　　예) 먹**을 수 있다**
받침 ×, ㄹ + -ㄹ 수 있다　　예) 갈 **수 있다**, 만들 **수 있다**

유의

◆ **부정형으로는 '-을 수 없다/ㄹ 수 없다'를 사용해요.**

Ⓔ Its negative form is -을 수 없다/ㄹ 수 없다.

Ⓙ 否定表現は「-을 수 없다/ㄹ 수 없다」です。

Ⓒ 否定型为"-을 수 없다/ㄹ 수 없다"。

㊥ 否定型為「-을 수 없다/ㄹ 수 없다」。

- 저는 한국어를 읽**을 수 없어요**.
- 제 동생은 자전거를 탈 **수 없어요**.

3. N도, N만

의미

▶ **'도'는 명사에 붙어 어떤 것이 다른 것과 마찬가지임을 나타내거나 어떤 것 외에 유사한 것이 있음을 나타낼 때 사용해요.**

Ⓔ 도 is attached to a noun to indicate that something is the same as another, or that there is something else that is similar.

Ⓙ 「도」は名詞に付いて、あるものが他のものと同じであることを表したり、他にも似たものがあることを表すときに使います。

Ⓒ "도"与名词相接，表示某物和别的差不多或相似时使用。

㊥ 「도」與名詞相接，表示某個人事物和其他的一樣或相似。

받침 ㅇ + 도　　예) 집**도**
받침 × + 도　　예) 의자**도**

▶ **'만'은 명사에 붙어 오직 그것만 선택함을 나타낼 때 사용해요.**

Ⓔ 만 is attached to a noun to indicate that it is the only choice.

㊐ 「만」は名詞に付いて、ただそれのみであることを表すときに使います。

㊥ "만"与名词相接，表示只选择那个时使用。

㊥ 「만」與名詞相接，表示只選擇那個。

받침 ㅇ + 만　　예) 집**만**
받침 × + 만　　예) 의자**만**

유의

◆ **둘 이상의 대상이나 상태를 나열할 때는 '-도 -도'의 구성으로 사용할 수 있어요.**

Ⓔ When listing two or more objects or situations, you can use -도 -도.

㊐ 2つ以上の対象や状況を羅列するときは「-도 -도」のように連続して使います。

㊥ 两个或两个以上的对象或事情并列时，可以使用"-도 -도"的句式。

㊥ 兩個或兩個以上的對象或事情並列時，可以使用「-도 -도」的構句。

- 저는 차**도** 집**도** 있어요.
- 공원에 한국 사람**도** 중국 사람**도** 있어요.

◆ **'도'는 '이/가', '을/를'과 결합하여 사용하지 않아요. 그렇지만 '만'은 '이/가', '을/를'과 결합하여 사용할 수 있어요.**

Ⓔ 도 cannot be used with 이/가 or 을/를, while 만 can be used with 이/가 or 을/를.

㊐ 「도」は「이/가」、「을/를」とともに使うことができませんが、「만」は「이/가」、「을/를」とともに使うことができます。

㊥ "도"不与"이/가"、"을/를"一起结合使用。但"만"可以与"이/가"、"을/를"一起结合使用。

㊥ 「도」不與「이/가」、「을/를」一起結合使用。但「만」可以與「이/가」、「을/를」一起結合使用。

- 이것**도** 의자예요. (○)
  이것이도 의자예요. (×)
- 리카 씨, 사과**도** 샀어요? (○)
  리카 씨, 사과를도 샀어요? (×)
- 선생님**만** 한국 사람이에요. (○)
  선생님**만이** 한국 사람이에요. (○)
- 저는 비빔밥**만** 좋아해요. (○)
  저는 비빔밥**만을** 좋아해요. (○)

◆ **'도'와 '만'은 '에, 와/과'와는 같이 사용할 수 있어요.**

Ⓔ 도 and 만 can be used with 에, 와/과.

㊐ 「도」や「만」は「에, 와/과」とともに使うことができます。

㊥ "도"和"만"可以与"에"、"와/과"一起使用。

㊥ 「도」和「만」可以與「에」、「와/과」一起使用。

- 주방은 기숙사 건물**에만** 있어요.
- 편의점은 이 건물에 있어요. 그리고 기숙사 건물**에도** 있어요.
- 레아는 주말에 브루나**와만** 만났어요.
- 저는 저녁에 반 친구와 전화했어요. 그리고 남자 친구**와도** 전화했어요.

4. 못 V

의미

▶ **동사에 붙어 어떤 일을 할 수 있는 능력이 없거나 일이 불가능함을 말할 때 사용해요.**

Ⓔ 못 is attached to a verb to indicate that someone is not capable of doing something, or it is impossible to do something.

Ⓙ 「못」は動詞に付いて、あることをする能力がないことや不可能であることを表すときに使います。

Ⓒ 与动词相接，表示没有做某事的能力或某事不可能实现时使用。

Ⓣ 「못」與動詞相接，在表示沒有做某事的能力或某事不可能實現時使用。

못 + 동사　　예) **못** 가요, **못** 먹어요

유의

◆ **'운동하다, 산책하다'처럼 'N하다' 동사의 부정형은 'N 못 하다'로 써요.**

Ⓔ For verbs following the pattern N하다 like 운동하다, 산책하다, the negative form is expressed as N 못 하다.

Ⓙ 「운동하다、산책하다」のような「N하다」動詞の否定表現は「N 못 하다」です。

Ⓒ 例如"운동하다、산책하다"等"N하다"这类型动词的否定型，写成"N 못 하다"。

Ⓣ 例如「운동하다、산책하다」等「N하다」這類型動詞的否定型，寫成「N 못 하다」。

- 저는 수영을 안 배웠어요. 그래서 수영 **못 해요**.
- 저는 어제 아팠어요. 그래서 숙제 **못 했어요**.

◆ **'못'는 '-지 못하다'로 바꾸어 쓸 수 있어요. 과거형은 '-지 못했다'예요.**

Ⓔ 못 can be replaced with -지 못하다. The past form of -지 못하다 is -지 못했다.

Ⓙ 「못」は「-지 못하다」に置き換えることもできます。過去を表す表現は「-지 못했다」です。

Ⓒ "못"也可以写成"-지 못하다"。过去型为"-지 못했다"。

Ⓣ 「못」也可以寫成「-지 못하다」。過去型為「-지 못했다」。

- 저는 한국 음식을 만들**지 못해요**.
- 저는 핸드폰 소리를 듣**지 못했어요**.

◆ **'못'은 능력의 부정을 나타내고 주로 동사와만 결합해요. 그렇지만 '안'은 의도 혹은 단순 사실의 부정을 나타내고 동사, 형용사와 모두 결합할 수 있어요.**

Ⓔ 못 indicates a negation of ability and is mainly used with verbs. However, 안 expresses a negation of intention or fact and can be used with both verbs and adjectives.

㊐ 「못」は能力の否定を表し、動詞とともに使います。「안」は意図や事実の否定を表し、動詞と形容詞の両方に使うことができます。

㊥ "못"表示能力的不足，主要和动词一起搭配使用。但"안"表示意图或是单纯地否定事实，动词、形容词都可以搭配使用。

㊥ 「못」表示能力的不足，主要只和動詞一起搭配使用。但「안」表示意圖或是單純地否定事實，動詞、形容詞都可以搭配使用。

- 저는 김치를 **못** 먹어요. (○)
  저는 김치를 **안** 먹어요. (○)
- 저는 오늘 못 바빠요. (×)
  저는 오늘 **안** 바빠요. (○)

9 단원 계획

1. V-을 거예요/ㄹ 거예요

의미

▶ **동사에 붙어 미래에 어떤 사건이나 행동이 일어날 것을 나타낼 때 사용해요. 동사의 어간 끝음절에 받침이 있으면 '-을 거예요'를 쓰고 어간 끝음절에 받침이 없거나 'ㄹ' 받침으로 끝나면 '-ㄹ 거예요'를 사용해요.**

Ⓔ -을 거예요/ㄹ 거예요 is attached to a verb to indicate that an event or action will occur in the future. -을 거예요 is used when the stem of the verb ends with a consonant, while -ㄹ 거예요 is used when it ends with the consonant ㄹ or a vowel.

㊐ 「-을 거예요/ㄹ 거예요」は動詞に付いて、ある出来事や行動が未来に起こることを表すときに使います。動詞の語幹の最後の音節にパッチムがあるときは「-을 거예요」、パッチムがなかったり「ㄹ」パッチムで終わるときは「-ㄹ 거예요」を使います。

㊥ "-을 거예요/ㄹ 거예요"与动词相接，表示未来会发生某种事件或某种行动时使用。 当动词词干的最后一个音节有收音时，使用"-을 거예요"；最后一个音节没有收音或收音为"ㄹ"时，使用"-ㄹ 거예요"。

㊥ 「-을 거예요/ㄹ 거예요」與動詞相接，表示未來會發生某種事件或某種行動。當動詞詞幹的最後一個音節有收音時，使用「-을 거예요」；最後一個音節沒有收音或收音為「ㄹ」時，使用「-ㄹ 거예요」。

받침 ㅇ + -을 거예요　　예) 먹**을 거예요**
받침 ×, ㄹ + -ㄹ 거예요　　예) 갈 **거예요**, 만들 **거예요**

유의

◆ **격식적인 상황에서는 '-을 겁니다/ㄹ 겁니다'로 사용해요.**

Ⓔ -을 겁니다/ㄹ 겁니다 is used in formal situations instead of -을 거예요/ㄹ 거예요..

Ⓙ 「-을 거예요/ㄹ 거예요」は礼儀や格式が重んじられる場面では「-을 겁니다/ㄹ 겁니다」となります。

Ⓒ 在正式的场合中，使用"-을 겁니다/ㄹ 겁니다"。

㊥ 在正式的場合中，使用「-을 겁니다/ㄹ 겁니다」。

- 방학에 요리를 배울 **겁니다**.
- 주말에 경복궁에서 사진을 찍**을 겁니다**.

◆ **부정을 나타낼 때는 '안 -을 거예요/ㄹ 거예요', '-지 않을 거예요'로 사용해요.**

Ⓔ Its negative forms are 안 -을 거예요/ㄹ 거예요 and -지 않을 거예요.

Ⓙ 否定表現は「안 -을 거예요/ㄹ 거예요、-지 않을 거예요」です。

Ⓒ 表示否定时，使用"안 -을 거예요/ㄹ 거예요"、"-지 않을 거예요"。

㊥ 表示否定時，使用「안 -을 거예요/ㄹ 거예요」、「-지 않을 거예요」。

- 저는 이번 방학에 집에 **안** 갈 **거예요**.
- 내일부터 지각하**지 않을 거예요**.

2. V-으러/러

의미

▶ **동사에 붙어 이동의 목적을 나타내요. 앞의 행동을 하기 위해 이동함을 나타낼 때 사용해요. 어간 끝음절에 받침이 있으면 '-으러'를 쓰고 어간 끝음절에 받침이 없거나 'ㄹ' 받침으로 끝나면 '-러'를 써요.**

Ⓔ -으러/러 is attached to a verb to indicate the purpose of the following action. -으러 is used when the stem of the verb ends with a consonant, while -러 is used when it ends with the consonant ㄹ or a vowel.

Ⓙ 「-으러/러」は動詞に付いて、移動の目的を表します。前の行動をするために移動することを表すときに使います。語幹の最後の音節にパッチムがあるときは「-으러」、パッチムがなかったり「ㄹ」パッチムで終わるときは「-러」を使います。

🄒 "-으러/러"与动词相接，表示移动的目的。为使前面的行动进行，表示向某地移动时使用。当词干的最后一个音节有收音时，使用"-으러"；最后一个音节没有收音或收音为"ㄹ"时，使用"-러"。

㊥ 「-으러/러」與動詞相接，表示移動的目的。表示為了要進行前面的動作，而向某地移動。當詞幹的最後一個音節有收音時，使用「-으러」；最後一個音節沒有收音或收音為「ㄹ」時，使用「-러」。

받침 ○ + -으러　　예) 먹**으러**
받침 ×, ㄹ + -러　　예) 공부하**러**, 만들**러**

유의

◆ **'-으러/러' 뒤에는 '가다, 오다, 다니다'와 같이 이동의 의미가 있는 동사만 사용할 수 있어요.**

🄔 After -으러/러, only verbs that indicate movement such as 가다, 오다, and 다니다 can be used.

🄙 「-으러/러」の後には「가다, 오다, 다니다」のような移動を表す動詞のみ使われます。

🄒 "-으러/러"后面只能接用"가다、오다、다니다"等含有移动意义的动词。

㊥ 「-으러/러」後面只能接用「가다、오다、다니다」等含有移動意義的動詞。

- 친구를 만나**러** 명동에 **왔어요**. (○)
  친구를 만나러 명동에서 기다려요. (×)

◆ **이동의 목적을 나타내는 '-으러/러'는 이동의 장소를 나타내는 말과 어순을 바꾸어서 써도 돼요.**

🄔 The purpose-marking particle -으러/러 can be used with a reversed word order by placing it after the prepositional phrase N에 that indicates the location of the movement.

🄙 移動の目的を表す「-으러/러」は移動する場所を表す語の前でも後ろでも使うこともできます。

🄒 "-으러/러"所表示的移动目的，和要移动前往的场所，这两者的顺序可以改变。

㊥ 「-으러/러」所表示的移動目的，和要移動前往的場所，這兩者的順序可以改變。

- 샤오동은 게임을 하**러** 피시방에 갑니다. = 샤오동은 피시방에 게임을 하**러** 갑니다.
- 리카는 빵을 만들**러** 친구 집에 갑니다. = 리카는 친구 집에 빵을 만들**러** 갑니다.

◆ **부정을 나타내는 표현과 같이 사용할 수 없어요.**

🄔 It cannot be used with expressions of negation.

🄙 「-으러/러」は否定を表す表現とともに使うことはできません。

🄒 不可以和否定的表达一起使用。

㊥ 不可以和否定的表現一起使用。

- 저는 커피를 안 마시러 카페에 가요. (×)

3. N에게/한테, N에게서/한테서

의미

▶ **'에게/한테'는 사람이나 동물을 나타내는 명사에 붙어 그 사람이나 동물이 행동의 영향을 받는 어떤 행동이 미치는 대상임을 나타낼 때 사용해요. 주로 '주다, 보내다, 가르치다, 전화하다, 말하다, 선물하다' 등의 동사와 함께 사용해요.**

Ⓔ 에게/한테 is attached to a noun to indicate the recipient of an action involving a person or an animal. It is typically used with verbs like 주다, 보내다, 가르치다, 전화하다, 말하다, 선물하다.

Ⓙ 「에게、한테」は人や動物を表す名詞に付いて、ある行為の影響を受ける対象がその人や動物であることを表します。主に「주다、보내다、가르치다、전화하다、말하다、선물하다」などの動詞とともに使います。

Ⓒ "에게/한테"与名词相接，表示某种行动对影响的对象时使用。"에게/한테"放在表示人或动物的名词后，用来表示某种行动所影响的对象。主要和"주다、보내다、가르치다、전화하다、말하다、선물하다"等动词一起使用。

㊥ 「에게/한테」放在表示人或動物的名詞後，用來表示某種行動所影響的對象。主要和「주다、보내다、가르치다、전화하다、말하다、선물하다」等動詞一起使用。

받침 ○ + 에게 예) 학생**에게**
받침 × + 에게 예) 친구**에게**

▶ **'에게서/한테서'는 사람이나 동물을 나타내는 명사에 붙어 그 사람이나 동물로부터 주어진 행동이 시작됨을 어떤 행동이 시작되는 대상을 나타낼 때 사용해요. 주로 '받다, 배우다, 전화 받다, 듣다' 등의 동사와 함께 사용해요.**

Ⓔ 에게서/한테서 is attached to a noun to indicate the source or origin of an action involving a person or an animal. It is typically used with verbs like 받다, 배우다, 전화 받다, 듣다.

Ⓙ 「에게서/한테서」は人や動物を表す名詞に付いて、ある行為がその人や動物から始まったことを表します。主に「받다、배우다、전화 받다、듣다」などの動詞とともに使います。

Ⓒ "에게서/한테서"与名词相接，表示某种行为开始的对象。"에게서/한테서"放在表示人或动物的名词后，用来表示从那个人或动物身上开始的行动、或某种行动起始的对象。主要和"받다、배우다、전화 받다、듣다"等动词一起使用。

㊥ 「에게서/한테서」放在表示人或動物的名詞後，用來表示從那個人或動物身上開始的行動、或某種行動起始的對象。主要和「받다、배우다、전화 받다、듣다」等動詞一起使用。

받침 ○ + 에게서 예) 학생**에게서**
받침 × + 에게서 예) 친구**에게서**

유의

◆ **말할 때는 '에게'와 '에게서'보다 '한테'와 '한테서'를 더 자주 써요.**

Ⓔ When speaking, 한테 and 한테서 are used more frequently than 에게 and 에게서.

Ⓙ 話し言葉では「에게」、「에게서」より「한테」、「한테서」をよく使います。

Ⓒ 在口语中，比起"에게"和"에게서"，更常使用"한테"和"한테서"。

Ⓒ 在口語中，比起「에게」和「에게서」，更常使用「한테」和「한테서」。

◆ **명사가 사람이나 동물이 아닌 경우에는 '에게' 대신 '에'를 써요.**

Ⓔ In cases where the noun is not a person or animal, 에 is used instead of 에게.

Ⓙ 名詞が人や動物ではない場合は「에게」の代わりに「에」を使います。

Ⓒ 当名词不是人或动物时，将"에게"替换成"에"。

Ⓒ 當名詞不是人或動物時，將「에게」替換成「에」。

- 브루나가 꽃**에** 물을 줘요. (○)
  브루나가 꽃에게 물을 줘요. (×)
- 지유가 학교**에** 전화해요. (○)
  지유가 학교한테 전화해요. (×)

◆ **명사가 사람이나 동물이 아닌 경우에는 '에게서, 한테서' 대신 '에서'를 써요.**

Ⓔ In cases where the noun is not a person or animal, 에서 is used instead of 에게서 or 한테서.

Ⓙ 名詞が人や動物ではない場合は「에게서、한테서」の代わりに「에서」を使います。

Ⓒ 当名词不是人或动物时，将"에게서"替换成"에서"。

Ⓒ 當名詞不是人或動物時，將「에게서」替換成「에서」。

- 그 소식을 뉴스**에서** 들었어요. (○)
  그 소식을 뉴스에게서 들었어요. (×)
- 샤니 씨, 학교**에서** 연락이 왔어요. (○)
  샤니 씨, 학교한테서 연락이 왔어요. (×)

4. ㄷ 불규칙

의미

▶ **'ㄷ' 받침으로 끝나는 동사 중 '걷다, 묻다, 듣다'와 같은 동사는 모음 앞에서 'ㄷ'이 'ㄹ'로 바뀌어요.**

Ⓔ For some verbs whose stems end in the final consonant ㄷ such as 걷다, 묻다, 듣다, the ㄷ changes to ㄹ when followed by a vowel.

日 「ㄷ」パッチムで終わる動詞のうち、「걷다、묻다、듣다」のような動詞は母音の前で「ㄷ」が「ㄹ」に変わります。

中 以"ㄷ"为收音的动词中，像"걷다、묻다、듣다"这样的动词在元音前，"ㄷ"要变成"ㄹ"。

中 以「ㄷ」為收音的動詞中，像「걷다、묻다、듣다」這樣的動詞，在母音前的「ㄷ」要變成「ㄹ」。

ㄷ + 모음 → ㄹ + 모음　　예) 걷 + -어요 → **걸어요**

유의

◆ **'닫다, 받다' 등과 같은 동사는 규칙 동사예요. 그래서 모음 앞에서 'ㄷ'이 'ㄹ'로 바뀌지 않아요.**

E Verbs like 닫다 and 받다 are considered regular verbs. Therefore, the ㄷ does not change to ㄹ when followed by a vowel.

日 「닫다、받다」などの動詞は規則動詞であるため母音の前に「ㄷ」があっても「ㄹ」に変わりません。

中 "닫다、받다"等动词为规则动词，所以在母音前面时，"ㄷ"不会变成"ㄹ"。

中 「닫다、받다」等動詞為規則動詞，所以在母音前面時，「ㄷ」不會變成「ㄹ」。

- 은행은 4시에 문을 **닫아요**. (○)
  은행은 4시에 문을 달아요. (×)
- 저는 이 목걸이를 선물 **받았어요**. (○)
  저는 이 목걸이를 선물 발았어요. (×)

10 단원 날씨와 계절

1. A/V-고

의미

▶ **형용사, 동사, '이다'에 붙어 어떤 상태나 행위를 나열함을 나타낼 때 사용해요.**

E -고 is attached to an adjective, a verb, or 이다 to list certain states or actions.

日 「-고」は形容詞、動詞、「이다」に付いて、ある状態や行為を羅列するときに使います。

中 "-고"与形容词、动词、"이다"相接，表示某种状态或行为并列出现时使用。

中 「-고」與形容詞、動詞、「이다」相接，表示某種狀態或行為並列出現。

받침 ○ + -고　　예) 먹**고**
받침 × + -고　　예) 가**고**

유의

◆ **시간의 순서와 관계없이 두 가지 이상의 사실이나 내용을 대등하게 연결할 때 사용해요. 그래서 앞 절과 뒤 절을 바꾸어도 의미가 바뀌지 않아요.**

Ⓔ It is used to connect two or more facts or contents equally, regardless of the order of time. Therefore, you can reverse the first clause and the second clause without changing the meaning.

Ⓙ 時間に沿った順序に関係なく、2つ以上の事実や内容を対等に接続するときに使います。そのため、前の節と後ろの節を置き換えても意味に変化はありません。

Ⓒ 用于对等连接两个或两个以上的事实或内容时，和时间的先后顺序无关。所以前句和后句交换，意思也不会改变。

Ⓣ 用於對等連接兩個或兩個以上的事實或內容時，和時間的先後順序無關。所以前子句和後子句交換，意思也不會改變。

- 이 책이 쉽**고** 재미있어요.
  = 이 책이 재미있**고** 쉬워요.
- 다니엘은 회사원이**고** 제이슨은 영어 선생님이에요.
  = 제이슨은 영어 선생님이**고** 다니엘은 회사원이에요.

◆ **앞 절과 뒤 절의 주어가 같아도 되고 달라도 돼요. 그런데 앞 절과 뒤 절의 주어가 같은 경우에는 뒤 절의 주어를 생략해요.**

Ⓔ The subjects of the first and second clause can be the same or different. However, when the subjects are the same, the subject of the second clause can be omitted.

Ⓙ 「-고」は前の節と後ろの節の主語が同じでも同じでなくても使うことができます。前の節と後ろの節の主語が同じときは、後ろの節の主語は省略されます。

Ⓒ 前句和后句的主语可以相同、也可以不同，但当前后句的主语相同时，后句的主语省略。

Ⓣ 前子句和後子句的主語可以相同、也可以不同，但當前後子句的主語相同時，後子句的主語省略。

- 저는 축구도 좋아하**고** (저는) 야구도 좋아해요.
- 형은 노래를 부르**고** 동생은 춤을 추고 있어요.

◆ **과거 '-았/었-'은 앞 절과 뒤 절에 모두 쓰일 수 있으나 주로 뒤 절에만 사용해요.**

Ⓔ The past tense marker -았/었- can be used in both the first and second clauses, but it is usually used in the second clause.

Ⓙ 過去を表す「-았/었-」は前の節と後ろの節の両方で使えますが、普通、後ろの節だけで使われます。

Ⓒ 表示过去的"-았/었-"，在前句和后句都可以使用，但主要使用于后句 。

Ⓣ 表示過去的「-았/었-」，在前子句和後子句都可以使用，但主要只使用在後子句。

- 리카는 비빔밥을 먹**고** 저는 김치찌개를 먹**었**어요.
  리카는 비빔밥을 먹**었고** 저는 김치찌개를 먹**었**어요

2. A/V-으면/면

의미

▶ **형용사, 동사, '이다'에 붙어 뒤 절의 내용에 대한 조건이나 가정을 나타낼 때 사용해요. 형용사, 동사 어간의 끝음절에 받침이 있으면 '-으면'을 사용하고 어간의 끝음절에 받침이 없거나 'ㄹ' 받침으로 끝나는 경우에는 '-면'을 사용해요. '이다', '아니다'는 '-면'을 사용해요.**

Ⓔ -으면/면 is attached to an adjective, a verb, or 이다 to indicate conditions or assumptions about the content of the following clause. -으면 is used when the stem of the adjective or verb ends with a consonant, while -면 is used when it ends with the consonant ㄹ or a vowel. For 이다 and 아니다, -면 is used.

日 「-으면/면」は形容詞、動詞、「이다」に付いて、後ろの節の内容についての条件や仮定を表すときに使います。形容詞、動詞の語幹の最後の音節にパッチムがあるときは「-으면」、パッチムがなかったり「ㄹ」パッチムで終わるときは「-면」を使います。「이다」、「아니다」は「-면」を使います。

中 "-으면/면"与形容词、动词、"이다"相接，表示对后句内容的条件或假设时使用。当形容词或动词词干的最后一个音节有收音时，使用"-으면"；最后一个音节没有收音或收音为"ㄹ"时，使用"-면"。"이다"、"아니다"使用"-면"。

中 「-으면/면」與形容詞、動詞、「이다」相接，表示對後句內容的條件或假設。當形容詞或動詞詞幹的最後一個音節有收音時，使用「-으면」；最後一個音節沒有收音或收音為「ㄹ」時，使用「-면」。「이다」、「아니다」使用「-면」。

받침 ㅇ + -으면　　예) 읽**으면**
받침 ×, ㄹ + -면　　예) 마시**면**, 만들**면**

유의

◆ **부정형을 쓸 때는 '안 -으면/면', '-지 않으면'을 써요.**

Ⓔ The negative form of -으면/면 is 안 -으면/면 or -지 않으면.

日 「-으면/면」の否定表現は「안-으면/면」、「-지 않으면」です。

中 否定型为"안 -으면/면"、"-지 않으면"。

中 否定型為「안 -으면/면」、「-지 않으면」。

- 저는 내일 비가 **안** 오**면** 등산을 할 거예요.
- 그 가방이 비싸**지 않으면** 사고 싶어요.

3. A/V-지만

의미

▶ **형용사, 동사, '이다'에 붙어 앞과 뒤의 내용이 서로 반대되는 내용임을 나타낼 때 사용해요.**

Ⓔ -지만 is attached to an adjective, a verb, or 이다 to indicate that the content of the previous clause is the opposite of the following clause.

Ⓙ 「-지만」は形容詞、動詞、「이다」に付いて、前後の内容が反対の内容であることを表すときに使います。

㊥ "-지만"与形容词、动词、"이다"相接，表示前后内容出现相反情况时使用。

㊥ 「-지만」與形容詞、動詞、「이다」相接，表示前後內容出現相反情況。

받침 ○ + -지만　　예) 먹**지만**
받침 × + -지만　　예) 비싸**지만**

유의

◆ **앞 절과 뒤 절의 주어가 같아도 되고 달라도 돼요. 그런데 앞 절과 뒤 절의 주어가 같은 경우에는 뒤 절의 주어를 생략해요.**

Ⓔ The subjects of the first and second clause can be the same or different. However, when the subjects of the first and second clause are the same, you can omit the subject of the second clause.

Ⓙ 「-지만」は前の節と後ろの節の主語が同じでも同じでなくても使うことができます。前の節と後ろの節の主語が同じときは、後ろの節の主語は省略されます。

㊥ 前句和后句的主语可以相同、也可以不同，但当前后句的主语相同时，后句的主语省略。

㊥ 前子句和後子句的主語可以相同、也可以不同，但當前後子句的主語相同時，後子句的主語省略。

- 이 책은 조금 어렵**지만** (이 책은) 재미있어요.
- 저는 피아노를 칠 수 없**지만** 동생은 피아노를 잘 쳐요.

◆ **과거 '-았/었-'과 결합해서 쓸 수 있어요.**

Ⓔ It can be used with the past tense -았/었-.

Ⓙ 過去を表すときは「-았/었-」とともに使います。

㊥ 可以和表示过去的"-았/었-"一起结合使用。

㊥ 可以和表示過去的「-았/었-」一起結合使用。

- 어제는 비가 **왔지만** 오늘은 안 와요.
- 작년에는 여행을 **갔지만** 올해는 못 갔어요.

4. N은/는

의미

▶ **명사에 붙어 어떤 대상이 다른 것과 대조됨을 나타내요. 명사의 끝음절에 받침이 있으면 '은'을 사용하고 명사의 끝음절에 받침이 없으면 '는'을 사용해요.**

Ⓔ 은/는 is attached to a noun to indicate that one object is contrasted with another. 은 is used when the noun ends with a consonant, while 는 is used when the noun does not end with a consonant.

Ⓙ 「은/는」は名詞に付いて、ある対象が他のものと対比されることを表します。名詞の最後の音節にパッチムがあるときは「은」、パッチムがないときは「는」を使います。

Ⓒ 与名词相接，表示和某种对象的不同和对照。名词的最后一个音节如果有收音的话使用"은"，没有收音的话使用"는"。

Ⓣ 「은/는」與名詞相接，表示與某種對象的不同和對照。名詞的最後一個音節如果有收音的話使用「은」，沒有收音的話使用「는」。

받침 ○ + 은　　예) 동생**은**
받침 × + 는　　예) 여기**는**

유의

◆ **주어, 목적어 자리에 '은/는'을 사용하려면 주격 조사 '이/가'와 목적격 조사 '을/를'을 탈락시키고 붙여요.**

Ⓔ 은/는 cannot be used with the subject particle 이/가 or objective particle 을/를. It is used without these particles.

Ⓙ 主語、目的語の位置で「은/는」を使うときは主格助詞「이/가」と目的格助詞「을/를」を脱落させてから使います。

Ⓒ 要在主语或宾语的位置使用"은/는"的话，则主格助词"이/가"和宾格助词"을/를"脱落后，再加上"은/는"。

Ⓣ 要在主語或賓語的位置使用「은/는」的話，需要將主格助詞「이/가」和賓格助詞「을/를」脫落後，再加上「은/는」。

- 리카**는** 일본 사람이에요. 샤오동**은** 중국 사람이에요. (○)
  리카가는 일본 사람이에요. 샤오동이는 중국 사람이에요. (×)

- 수박**은** 좋아하지만 사과**는** 안 좋아해요. (○)
  수박을은 좋아하지만 사과를는 안 좋아해요. (×)

◆ **'에서, 에' 등의 조사 뒤에 붙여서 쓸 수 있어요.**

Ⓔ 은/는 can be attached to particles like 에서, 에.

日 「은/는」は「에서、에」などの助詞の後ろに付けて使うことができます。

中 "은/는"可以加在"에서、에"等助词后面使用。

中 「은/는」可以加在「에서、에」等助詞後面使用。

- 토요일**에는** 친구를 만날 거예요. 일요일**에는** 집에서 쉴 거예요.
- 고향**에서는** 운전을 했지만 한국**에서는** 안 해요.

5. V-아요/어요

의미

▶ **동사에 붙어 어떠한 행동을 같이 할 것을 제안하거나 요청할 때 사용해요. 동사 어간의 끝음절 모음이 'ㅏ, ㅗ'인 경우에는 '-아요'를 사용하고 동사 어간의 끝음절 모음이 'ㅏ, ㅗ'가 아닌 경우에는 '-어요'를 사용해요.**

E -아요/어요 is attached to a verb and is used to suggest or request that someone do an action together. -아요 is used when the last vowel of the verb stem is ㅏ or ㅗ, while -어요 is used with all the other vowels.

日 「-아요/어요」は動詞に付いて、ある行動を一緒にすることを提案したりお願いするときに使います。動詞の語幹の最後の音節に母音「ㅏ, ㅗ」がある場合は「-아요」、母音が「ㅏ, ㅗ」以外の場合は「-어요」を使います。

中 接在动词后，在提议或请求一起做某件事情时使用。当动词词干的最后一个音节母音为"ㅏ、ㅗ"时，使用"-아요"；最后一个音节母音不是"ㅏ、ㅗ"时，使用"-어요"。

中 「-아요/어요」接在動詞後，在提議或請求一起做某件事情時使用。當動詞詞幹的最後一個音節母音為「ㅏ、ㅗ」時，使用「-아요」；最後一個音節母音不是「ㅏ、ㅗ」時，使用「-어요」。

'ㅏ, ㅗ' + -아요　　예) 받**아요**
'ㅏ, ㅗ' 외의 모음 + -어요　　예) 쉬**어요**

유의

◆ **'하다'가 붙은 동사는 '해요'를 써요.**

E For verbs ending with 하다, 해요 is used.

日 「하다」動詞は「해요」となります。

中 以"하다"结尾的动词，使用"해요"。

中 以「하다」結尾的動詞，使用「해요」。

- 리카 씨, 수업 후에 같이 식사**해요**.
- 샤니 씨, 우리 주말에 같이 공부**해요**.

◆ **부정형은 '-지 말아요'예요.**

Ⓔ The negative form of -아요/어요 is -지 말아요.

Ⓙ ある行動をしないように指示したりお願いするときは否定表現の「-지 말아요」を使います。

Ⓒ 否定型为"-지 말아요"。

Ⓣ 否定型為「-지 말아요」。

- 그 식당은 비싸요. 우리 거기에 가**지 말아요**.
- 날씨가 많이 추워요. 우리 오늘은 산책하**지 말아요**.

◆ **부사 '같이'와 자주 쓰여요.**

Ⓔ -아요/어요 is often used with the adverb 같이.

Ⓙ 「-아요/어요」は副詞「같이」とともによく使われます。

Ⓒ 经常和副词"같이"一起使用。

Ⓣ 經常和副詞「같이」一起使用。

- 레아 씨, 오늘 **같이** 점심 먹**어요**.
- 저는 내일 영화를 보러 가려고 해요. 제이슨 씨도 시간이 있으면 **같이** 가**요**.

◆ **비격식체인 '-아요/어요'는 윗사람과 매우 친밀한 관계일 때 윗사람에게 말할 때도 사용할 수 있어요. 격식체인 '-읍시다/ㅂ시다'는 윗사람에게 사용할 수 없어요.**

Ⓔ If in a very close and intimate relationship, the informal ending -아요/어요 can be used even when talking to someone that is older or of higher status. However, the formal polite form -읍시다/ㅂ시다 cannot be used when addressing someone older or of higher status.

Ⓙ 非格式体の「-아요/어요」は親しい間柄の目上の人と話すときにも使うことができますが、格式体の「-읍시다/ㅂ시다」は目上の人に使うことができません。

Ⓒ 当和长辈的关系非常亲密，和长辈在说话时，也可以使用非格式体的"-아요/어요"。但对长辈不可以使用格式体的"-읍시다/ㅂ시다"。

Ⓣ 當和長輩是非常親密的關係時，和長輩在說話時，也可以使用非格式體的「-아요/어요」。但對長輩不可以使用格式體的「-읍시다/ㅂ시다」。

- 선생님, 우리 같이 사진 찍**어요**. (○)
  선생님, 우리 같이 사진 찍읍시다. (×)

11 단원 교통

1. V-으려고 하다/려고 하다

의미

▶ **동사에 붙어 어떤 일이나 행위를 하는 의도나 계획이 있음을 나타낼 때 사용해요. 동사 어간의 끝음절에 받침이 있으면 '-으려고 하다'를 사용하고 받침이 없거나 'ㄹ' 받침으로 끝나면 '-려고 하다'를 사용해요.**

Ⓔ -으려고 하다/려고 하다 is attached to a verb to indicate that there is an intention or plan to do something. -으려고 하다 is used when the stem of the verb ends with a consonant, while -려고 하다 is used when it ends with the consonant ㄹ or a vowel.

㊐ 「-으려고 하다/려고 하다」は動詞に付いて、ある出来事や行為をする意図や計画があることを表すときに使います。動詞の語幹の最後の音節にパッチムがあるときは「-으려고 하다」、パッチムがなかったり「ㄹ」パッチムで終わるときは「-려고 하다」を使います。

㊥ "-으려고 하다/려고 하다"与动词相接，表示某件事或某个行为的意图或计划时使用。当动词词干的最后一个音节有收音时，使用"-으려고 하다"；最后一个音节没有收音或收音为"ㄹ"时，使用"-려고 하다"。

㊥ 「-으려고 하다/려고 하다」與動詞相接，表示某件事或某個行為的意圖或計劃。當動詞詞幹的最後一個音節有收音時，使用「-으려고 하다」；最後一個音節沒有收音或收音為「ㄹ」時，使用「-려고 하다」。

받침 ○ + -으려고 하다 　　예) 찍**으려고 하다**

받침 ×, ㄹ + -려고 하다 　　예) 가**려고 하다**, 살**려고 하다**

유의

◆ **'-을 거예요/ㄹ 거예요'는 미래에 어떤 사건이나 행동이 일어날 것을 나타낼 때 사용해요. '-으려고 하다/려고 하다'는 어떤 일이나 행위를 할 마음, 뜻이 있음을 나타내요.**

Ⓔ -을 거예요/ㄹ 거예요 is used to express future events or actions. -으려고 하다/려고 하다 shows an intention or plan to do something.

㊐ 「-을 거예요/ㄹ 거예요」はある事件や行動が未来に起こることを表すときに使います。「-으려고 하다/려고 하다」はあることや行為をしようとする意志や気持ちがあることを表します。

㊥ "-을 거예요/ㄹ 거예요"表示在未来即将发生某个事件或行为。"-으려고 하다/려고 하다"表示有做某事或行为的决心、意志。

㊥ 「-을 거예요/ㄹ 거예요」表示在未來即將發生某個事件或行為。「-으려고 하다/려고 하다」表示有做某事或行為的決心、意志。

- 내일 비가 올 **거예요**. (○)
  내일 비가 오려고 해요. (×)

◆ **'-으려고 했다/려고 했다'는 어떤 행동을 할 의도는 있었지만 행동으로 옮기지는 않았다는 것을 나타내요.**

Ⓔ -으려고 했다/려고 했다 indicates that there was an intention to do something, but it was not carried out.

㊐ 「-으려고 했다/려고 했다」はある行為をしようとする意志や気持ちはあったが実行しなかったことを表します。

㊥ "-으려고 했다/려고 했다"表示曾经有意做某个行动，但并没有付诸行动。

㊥ 「-으려고 했다/려고 했다」表示曾經有意做某個行動，但並沒有付諸行動。

- 학교에 일찍 가**려고 했어요**. 그런데 일찍 못 갔어요.

2. N으로/로(방향)

의미

▶ **명사에 붙어 향하는 목적지 또는 움직임의 방향을 나타낼 때 사용해요. 명사의 끝음절에 받침이 있으면 '으로', 받침이 없거나 'ㄹ' 받침으로 끝나면 '로'를 사용해요.**

Ⓔ 으로/로 is attached to a noun to indicate a destination or direction of movement. 으로 is used when the noun ends with a consonant, while 로 is used when the noun ends with the consonant ㄹ or a vowel.

㊐ 「으로/로」は名詞に付いて、向かう目的地あるいは動きの方向を表すときに使います。名詞の最後の音節にパッチムがあるときは「으로」、パッチムがなかったり「ㄹ」パッチムで終わるときは「로」を使います。

㊥ "으로/로"与名词相接，表示向往的目的地或移动的方向时使用。名词的最后一个音节如果有收音的话使用"으로"，没有收音或收音为"ㄹ"时使用"로"。

㊥ 「으로/로」與名詞相接，表示要前往的目的地或移動的方向。名詞的最後一個音節如果有收音的話使用「으로」，沒有收音或收音為「ㄹ」時使用「로」。

받침 ㅇ + 으로　　예) 오른쪽**으로**
받침 ×, ㄹ + 로　　예) 위**로**, 교실**로**

유의

◆ **주로 '가다', '오다', '내려가다', '올라가다' 등과 사용해요.**

Ⓔ It is usually used with 가다, 오다, 내려가다, and 올라가다.

日 「으로/로」は主に「가다、오다、내려가다、올라가다」などの動詞とともに使います。

中 主要和“가다、오다、내려가다、올라가다”等一起使用。

中 主要和「가다、오다、내려가다、올라가다」等一起使用。

- 식당**으로 가세요**.
- 위**로 올라갈 거예요**.

◆ **도착점을 가리킬 때는 '에', 지향점이나 방향을 나타낼 때는 '으로'를 사용해요.**

E When referring to a destination, 에 is used, and when indicating a target or direction, 으로 is used.

日 到着点を表すときは「에」、目標地点やその方向を表すときは「으로」を使います。

中 指终点时使用“에”，指目标或方向时使用“으로”。

中 指終點時使用「에」，指目標或方向時使用「으로」。

- 샤니가 학교**에** 도착했어요. (○)
  샤니가 학교로 도착했어요. (×)
- 서준이 부산에 출발했어요. (×)
  서준이 부산**으로** 출발했어요. (○)
- 아래에 내려가세요. (×)
  아래**로** 내려가세요. (○)

3. V-아야 되다/어야 되다

의미

▶ **동사에 붙어 어떤 행위를 해야 할 의무나 필요성을 나타낼 때 사용해요. 동사 어간의 끝음절 모음이 'ㅏ, ㅗ'인 경우에는 '-아야 되다'를 사용하고 동사 어간의 끝음절 모음이 'ㅏ, ㅗ'가 아닌 경우에는 '-어야 되다'를 사용해요.**

E -아야 되다/어야 되다 is attached to a verb to indicate an obligation or necessity to do something. -아야 되다 is used when the last vowel of the verb stem is ㅏ or ㅗ, while -어야 되다 is used with all the other vowels.

日 「-아야 되다/어야 되다」は動詞に付いて、ある行為をしなければならないという義務や必要性を表すときに使います。動詞の語幹の最後の音節に母音「ㅏ, ㅗ」がある場合は「-아야 되다」、動詞の語幹の最後の音節に母音が「ㅏ, ㅗ」以外の場合は「-어야 되다」を使います。

中 “-아야 되다/어야 되다”与动词相接，表示应该做某种行为的义务或必要性时使用。当动词词干的最后一个音节母音为“ㅏ、ㅗ”时，使用“-아야 되다”；最后一个音节母音不是“ㅏ、ㅗ”时，使用“-어야 되다”。

中 「-아야 되다/어야 되다」與動詞相接，表示應該做某種行為的義務或必ㅗ」時，使用「-어야 되다」。要性。當動詞詞幹的最後一個音節母音為「ㅏ、ㅗ」時，使用「-아야 되다」；最後一個音節母音不是「ㅏ、ㅗ」。

ㅏ, ㅗ + -아야 되다　　예) 가**야 되다**

ㅏ, ㅗ 외의 모음 + -어야 되다　　예) 만들**어야 되다**

유의

◆ **'-아야 되다/어야 되다'는 구어나 비격식적인 상황에서 많이 사용하고 문어나 격식적인 상황에서는 '-아야 하다/어야 하다'를 많이 사용해요.**

Ⓔ -아야 되다/어야 되다 is commonly used in informal or casual situations, while 아야 하다/어야 하다 is preferred in formal or polite contexts.

Ⓙ 話し言葉やカジュアルな場面では「-아야 되다/어야 되다」を使い、礼儀や格式が重んじられる公式的な場面や書き言葉では「-아야 하다/어야 하다」を使います。

Ⓒ "-아야 되다/어야 되다"在口语或非正式场合中经常使用；在书面语或正式场合中，则经常使用"-아야 하다/어야 하다"。

Ⓣ 「-아야 되다/어야 되다」在口語或非正式場合中經常使用；在書面語或正式場合中，則經常使用「-아야 하다/어야 하다」。

- 제이슨 씨, 지금 나가**야 돼요**.
- 동아리는 이번 주까지 신청**해야 합니다**.

◆ **'-아야 되다/어야 되다'는 '-지 말다'를 사용하여 부정의 의미를 나타낼 수 있는데 이때는 행위의 금지를 의미해요.**

Ⓔ -아야 되다/어야 되다 can be combined with -지 말다 to express negation, indicating the prohibition or restriction of an action.

Ⓙ 「-아야 되다/어야 되다」は「-지 말다」とともに使われることで行為の禁止を表すことができます。

Ⓒ "-아야 되다/어야 되다"加上"-지 말다"可用来表示否定的意义，表示禁止某种行为。

Ⓣ 「-아야 되다/어야 되다」加上「-지 말다」可用來表示否定的意義，表示禁止某種行為。

- 수업 시간에는 음식을 먹**지 말아야 돼요**.

4. N으로/로(수단)

의미

▶ **명사에 붙어 행위의 도구나 수단을 나타내요. 명사의 끝음절에 받침이 있으면 '으로', 받침이 없거나 'ㄹ' 받침으로 끝나면 '로'를 사용해요.**

Ⓔ 으로/로 is attached to a noun to indicate the tools or means of the action. 으로 is used when the noun ends with a consonant, while 로 is used when the noun ends with the consonant ㄹ or a vowel.

Ⓙ 「으로/로」は名詞に付いて、行為の道具や手段を表します。名詞の最後の音節にパッチムがあるときは「으로」、パッチムがなかったり「ㄹ」パッチムで終わるときは「로」を使います。

Ⓒ 与动词相接，表示行为的工具或方式。名词的最后一个音节如果有收音的话使用“으로”，没有收音或收音为“ㄹ”时使用“로”。

Ⓒ 「으로/로」與名詞相接，表示行為的工具或方式。名詞的最後一個音節如果有收音的話使用「으로」，沒有收音或收音為「ㄹ」時使用「로」。

받침 ○ + 으로　　예) 인터넷**으로**
받침 ×, ㄹ + 로　　예) 휴대 전화**로**, 이메일**로**

유의

◆ **'으로/로'를 써서 교통수단을 말할 때는 '가다', '오다' 등과 사용해요. 하지만 '타다'를 쓸 때는 앞에 '으로/로'를 사용하지 않고 '을/를'을 사용해서 말해요.**

Ⓔ When 으로/로 is used to talk about transportation, it is typically used with verbs like 가다 or 오다. However, for the verb 타다, 을/를 is used instead of 으로/로.

Ⓙ 「으로/로」は「가다、오다」などの動詞とともに使い交通の手段を表すときに使われますが、「타다」とともには使われません。「타다」には「을/를」が使われます。

Ⓒ 用“으로/로”来谈论使用的交通工具时，和“가다”、“오다”等动词一起使用。但在“타다”这个动词时，前面不用“으로/로”，而是使用“을/를”。

Ⓒ 用「으로/로」來談論使用的交通工具時，和「가다」、「오다」等動詞一起使用。但在「타다」這個動詞時，前面不用「으로/로」，而是使用「을/를」。

- 강남에 버스**로 가요**.
- 저는 보통 지하철**을 타요**.

◆ **'것'과 함께 쓰이면 '걸로'로 발음되기도 해요.**

Ⓔ When 으로/로 is used with 것(thing), it can sometimes be pronounced as 걸로.

Ⓙ 「으로/로」は「것」とともに使われることがありますが、そのときは「걸로」と発音されます。

Ⓒ 和“것”一起使用时，也可以读成“걸로”。

Ⓒ 和「것」一起使用時，也可以讀成「걸로」。

- 이**걸로** 영화를 보세요.

5. N에서 N까지

의미

▶ **'에서'는 명사에 붙어 행위나 상태의 출발점, '까지'는 명사에 붙어 시간이나 공간 범위의 끝 지점을 나타내요.**

Ⓔ 에서 is attached to a noun to indicate the starting point of an action or state, and 까지 is attached to a noun to describe the end point of a time or space range.

Ⓙ 「에서」は名詞に付いて行為や状態の出発点を、「까지」は名詞に付いて時間や空間の範囲の終わりの時点を表します。

Ⓒ "에서"与名词相接，表示行为或状态的出发点，"까지"名词相接，表示时间或空间范围的结束点。

㊥ 「에서」與名詞相接，表示行爲或狀態的出發點，「까지」與名詞相接，表示時間或空間範圍的結束點。

받침 ○ + 에서 까지 예) 춘천**에서** 부산**까지**
받침 × + 에서 까지 예) 호주**에서** 멕시코**까지**

유의

◆ **'에서'는 주로 출발지를 나타내는데 '부터'는 주로 시간의 시작점을 나타낼 때만 쓸 수 있어요.**

Ⓔ 에서 is usually used to indicate the departure point, while 부터 is used to indicate the starting point in time.

Ⓙ 「에서」は出発地を示すときに使われ、「부터」は開始時間を示すときに使われます。

Ⓒ "에서"主要表示出发地；"부터"主要在表示时间的起始点时使用。

㊥ 「에서」主要表示出發地；「부터」主要只能在表示時間的起始點時使用。

- 집**에서** 출발했어요. (○)
  집부터 출발했어요. (×)
- 9시**부터** 수업을 시작했어요. (○)

12 단원 약속

1. V-을까요?/ㄹ까요?

의미

▶ **동사에 붙어 듣는 사람에게 앞으로 할 일을 제안하며 의견이나 생각을 물어볼 때 사용해요. 동사 어간의 끝음절에 받침이 있으면 '-을까요?'를 사용하고 동사 어간의 끝음절에 받침이 없거나 'ㄹ' 받침으로 끝나면 '-ㄹ까요?'를 사용해요.**

Ⓔ -을까요?/ㄹ까요? is attached to a verb to make a suggestion or request the listener's opinion regarding a future action. -을까요? is used when the stem of the verb ends with a consonant, while -ㄹ까요? is used when it ends with the consonant ㄹ or a vowel.

Ⓙ 「-을까요?/ㄹ까요?」は動詞に付いて、聞き手にこれからすることを提案し、それに対する意見や考えを聞くときに使います。動詞の語幹の最後の音節にパッチムがあるときは「-을까요?」、パッチムがなかったり「ㄹ」パッチムで終わるときは「-ㄹ까요?」を使います。

Ⓒ "-을까요/ㄹ까요"与动词相接，对听话人今后要做的事提议、询问意见或想法时使用。当动词词干的最后一个音节有收音时，使用"-을까요?"；最后一个音节没有收音或收音为"ㄹ"时，使用"-ㄹ까요?"。

Ⓣ 「-을까요/ㄹ까요」與動詞相接，在向聽話人提議今後要做的事、詢問意見或想法時使用。當動詞詞幹的最後一個音節有收音時，使用「-을까요?」；最後一個音節沒有收音或收音為「ㄹ」時，使用「-ㄹ까요?」。

받침 ○ + -을까요?　　예) 먹**을까요**?
받침 ×, ㄹ + -ㄹ까요?　　예) 갈**까요**?, 만들**까요**?

유의

◆ **대답은 보통 '-아요/어요'를 사용하는데 이는 청유의 의미를 가져요.**

Ⓔ For responses to questions ending with -을까요?/ㄹ까요?, -아요/어요 is commonly used to express a suggestion.

Ⓙ 「-을까요?/ㄹ까요?」に対して答えるときは普通「-아요/어요」を使い、行動をともにすることを表します。

Ⓒ 回答时通常用"-아요/어요"，带有共动的意义。

Ⓣ 回答時通常用「-아요/어요」，帶有共動的意義。

- A 주말에 부산에 **갈까요**?
  B 좋아요. 같이 가요.
- A 우리 음악을 **들을까요**?
  B 네. 같이 들어요.

◆ **문장의 주어로 '우리'가 사용되는데 이때 '우리'는 보통 생략되고 '같이'와 자주 사용해요.**

Ⓔ When 우리 is used as the subject of a sentence, it is often omitted, and the adverb 같이 is frequently used in conjunction with it.

Ⓙ 文の主語には「우리」が使われますが、これは普通省略され、「같이」とともによく使われます。

Ⓒ 当句子的主语为"우리"时，此时"우리"通常省略，并经常和"같이"一起使用。

Ⓣ 當句子的主語為「우리」時，此時「우리」通常省略，並經常和「같이」一起使用。

- (우리) 영화 **볼까요**?
- **같이** 책을 읽**을까요**?

◆ **'-을까요?/ㄹ까요?'의 부정형은 '-지 말까요?'로 써요.**

Ⓔ The negative form of -을까요?/ㄹ까요? is -지 말까요?

Ⓙ ある行為をしないように提案するときは否定表現の「-지 말까요?」を使います。

Ⓒ "-을까요?/ㄹ까요?"的否定型为"-지 말까요?"。

Ⓣ 「-을까요?/ㄹ까요?」的否定型為「-지 말까요?」。

- 피자를 먹**지 말까요**?
- 등산을 하**지 말까요**?

2. A/V-아서/어서

의미

▶ **형용사, 동사, '이다'에 붙어 앞의 내용이 뒤의 내용의 이유나 원인이 됨을 나타낼 때 사용해요. 형용사나 동사 어간의 끝음절 모음이 'ㅏ, ㅗ'인 경우에는 '-아서'를 사용하고 형용사나 동사 어간의 끝음절 모음이 'ㅏ, ㅗ'가 아닌 경우에는 '-어서'를 사용해요.**

Ⓔ -아서/어서 is attached to an adjective, a verb, or 이다 to indicate that the preceding content is the reason or cause for the following content. -아서 is used when the last vowel of the adjective or verb stem is ㅏ or ㅗ, while -어서 is used with all the other vowels.

Ⓙ 「-아서/어서」は形容詞、動詞、「이다」に付いて、前の内容が後ろの内容の理由や原因になっていることを表すときに使います。形容詞や動詞の語幹の最後の音節に母音「ㅏ, ㅗ」がある場合は「-아서」、母音が「ㅏ, ㅗ」以外の場合は「-어서」を使います。

Ⓒ "-아서/어서"与形容词、动词、"이다"相接，表示前面的内容是后面内容的理由或原因时使用。当形容词或动词词干的最后一个音节母音为"ㅏ、ㅗ"时，使用"-아서"；最后一个音节母音不是"ㅏ、ㅗ"时，使用"-어서"。

Ⓣ 「-아서/어서」與形容詞、動詞、「이다」相接，表示前面的內容是後面內容的理由或原因。當形容詞或動詞詞幹的最後一個音節母音為「ㅏ、ㅗ」時，使用「-아서」；最後一個音節母音不是「ㅏ、ㅗ」時，使用「-어서」。

ㅏ, ㅗ 모음 + -아서 예) 가**서**
ㅏ, ㅗ 외의 모음 + -어서 예) 먹**어서**

유의

◆ **말할 때 '이다' 앞의 명사는 '-이어서/여서'보다 '-이라서/라서'와 결합하여 사용하는 경우가 많아요.**

Ⓔ When speaking, N이라서/라서 is used more commonly than N이어서/어서.

Ⓙ 「이다」の前の名詞は、話し言葉では「-이어서/여서」とともには使われず、普通「-이라서/라서」とともに使われます。

Ⓒ 在口语中，"이다"前面的名词，比起"-이어서/여서"，更常和"-이라서/라서"一起结合使用。

Ⓣ 在口語中，「이다」前面的名詞，比起「-이어서/여서」，更常和「-이라서/라서」一起結合使用。

- 생일**이라서** 선물을 샀어요.
- 휴가**라서** 회사에 안 갔어요.

◆ **과거 '-았/었-'과 결합하지 않아요.**

Ⓔ -아서/어서 cannot be used with the past tense -았/었-.

Ⓙ 「-아서/어서」は過去を表す「-았/었-」とともには使われません。

Ⓒ 不可以和表示过去的"-았/었-"一起结合使用。

Ⓣ 不可以和表示過去的「-았/었-」一起結合使用。

- 배가 아**파서** 병원에 갔어요. (○)
  배가 아팠어서 병원에 갔어요. (×)
- 생일 선물을 받**아서** 기분이 좋아요. (○)
  생일 선물을 받았어서 기분이 좋아요. (×)

◆ **뒤 절에 청유문이나 명령문이 올 수 없어요.**

Ⓔ Requests or imperatives cannot be used in the clause that follows.

Ⓙ 前の節に「-아서/어서」がある場合、後ろの節で勧誘文や命令文を使うことはできません。

Ⓒ 后句不能出现共动句或命令句。

Ⓣ 後子句不能出現共動句或命令句。

- 비가 **와서** 우산을 샀어요. (○)
  비가 와서 우산을 사요. (×)
  비가 와서 우산을 사세요. (×)
- 날씨가 더**워서** 창문을 열었어요. (○)
  날씨가 더워서 창문을 열어요. (×)
  날씨가 더워서 창문을 여세요. (×)

◆ **'반갑다, 고맙다, 미안하다' 등과 함께 관용적인 인사말에 쓰여요.**

Ⓔ -아서/어서 is used in idiomatic greetings with expressions like 반갑다, 고맙다, and 미안하다.

Ⓙ 「-아서/어서」は「반갑다、고맙다、미안하다」などの動詞とともに使われると慣用的な挨拶言葉になります。

中 "-아서/어서"常和"반갑다、고맙다、미안하다"等放在一起，作为惯用的问候句或表示客气的客套话来使用。

㊥ 「-아서/어서」常和「반갑다、고맙다、미안하다」等放在一起，作為慣用的問候句或表示客氣的客套話來使用。

- 만나**서 반가워요**.
- 도와주셔**서 고맙습니다**.
- 늦**어서 미안해요**.

3. V-고

의미

▶ **동사에 붙어 앞의 내용과 뒤의 내용이 시간 순서대로 일어난 것임을 나타내요. 시간적으로 먼저 하는 행동과 나중에 하는 행동을 이어 말할 때 사용해요.**

E -고 is attached to a verb to indicate the chronological order between preceding and following contents, connecting actions done first and actions done later.

日 「-고」は動詞に付いて、前の内容と後ろの内容が時間の順番どおりに起きたことを表します。時間的に先の行動と後の行動をつなげて話すときに使われます。

中 "-고"与动词相接，表示前面的内容和后面的内容按时间顺序发生。在时间上说先发生的动作和以后要发生的动作时使用。

㊥ 「-고」與動詞相接，表示前面的內容和後面的內容按時間順序發生。在說時間上先發生的動作和之後要發生的動作時使用。

받침 ○ + -고　　예) 먹**고**
받침 × + -고　　예) 가**고**

유의

◆ **나열의 '-고'는 앞 절과 뒤 절을 바꿔도 되지만 순서의 '-고'는 앞 절과 뒤 절을 바꾸면 의미가 달라져요.**

E The conjunction -고 in a list allows the first and second clauses to be interchanged without changing the meaning. However, the sequential -고 alters the meaning if the order of the clauses is changed.

日 並列の「-고」は前の節と後ろの節を置き換えることができますが、順序を表す「-고」は前の節と後ろの節を置き換えると意味が変化してしまいます。

中 当"-고"表示并列的意思时，前句和后句交换也可以。但当"-고"用来表示顺序时，前后句交换的话意思会改变。

㊥ 當「-고」表示並列的意思時，前子句和後子句交換也可以。但當「-고」用來表示順序時，前後子句交換的話意思會改變。

- 손을 씻**고** 밥을 먹었어요. ≠ 밥을 먹**고** 손을 씻었어요.
- 커피를 마시**고** 책을 읽었어요. ≠ 책을 읽**고** 커피를 마셨어요.

◆ **시간 순서 나열의 의미를 명확히 하기 위해 '먼저, 그다음에'와 같은 부사를 쓰는 경우가 많아요.**

Ⓔ To clearly indicate the chronological order in a list, it is common to use adverbs like 먼저 and 그다음에.

Ⓙ 順序を表す「-고」は時間に沿った行為であることを明確に示すために、普通「먼저, 그다음에」などの副詞とともに使われます。

Ⓒ 为了明确地表示时间顺序排列的意义，经常和"먼저、그다음에"等这类副词一起使用。

Ⓣ 為了明確地表示時間順序排列的意義，經常和「먼저、그다음에」等這類副詞一起使用。

- 저는 청소하**고** 텔레비전을 봐요.
  = 저는 **먼저** 청소하**고** 텔레비전을 봐요.
  = 저는 청소하**고** **그다음에** 텔레비전을 봐요.
  = 저는 **먼저** 청소하**고** **그다음에** 텔레비전을 봐요.

---

4. V-기

의미

▶ **동사에 붙어 그 말이 명사로 기능함을 나타내요.**

Ⓔ -기 is attached to a verb to make that verb function as a noun.

Ⓙ 「-기」は動詞に付いて、その動詞を名詞化します。

Ⓒ "-기"与动词相接，可以用作名词来使用。

Ⓣ 「-기」與動詞相接，表示將動詞名詞化。

받침 ○ + -기　　예) 먹**기**
받침 × + -기　　예) 가**기**

유의

◆ **동사를 문장 내에서 주어, 목적어 등으로 만들 때 사용해요. 명사와 마찬가지로 '-기' 뒤에 조사가 붙기도 하고 생략되기도 해요.**

Ⓔ -기 is used to make a verb function as the subject or object. Just like nouns, a particle is attached to -기 or omitted.

日 「-기」は文中の動詞を主語や目的語などにするときに使います。名詞と同様に助詞は「-기」の後ろに付いたり省略されたりします。

中 "-기"用在把动词当成句子中的主语、宾语等时使用。就和名词一样，会依照句子的内容结构，在"-기"后面使用或省略助词。

㊥ 「-기」用在把動詞當成句子中的主語、賓語等時使用。就和名詞一樣，會依照句子的內容結構，在「-기」後面使用或省略助詞。

- 길을 찾**기가** 힘들어요.
- 친구는 공부하**기** 싫어해요.

◆ **계획이나 결심, 약속, 지침 등을 기술할 때 사용해요.**

E It is used when describing plans, decisions, promises, instructions, etc.

日 「-기」は計画や決心、約束、指針などを記述するときに使います。

中 "-기"在描述计划、决心、约定或方针等时使用。

㊥ 「-기」在描述計劃、決心、約定或方針等時使用。

- 가족에게 자주 전화하**기**
- 9시 10분까지 학교에 오**기**

◆ **과거 '-았/었-'과 결합하지 않아요.**

E -기 cannot be used with the past tense -았/었-.

日 「-기」は過去を表す「-았/었-」とともには使われません。

中 不和表示过去的"-았/었-"一起结合使用。

㊥ 不和表示過去的「-았/었-」一起結合使用。

- 열심히 운동했기 (×)
- 책 많이 읽었기 (×)

듣기 지문 및 정답

7 단원 주말

어휘와 표현 1_ 주말 활동 p. 10

1. (1) ②, 자요 (2) ③, 가요 (3) ④, 봐요 (4) ①, 타요

2. (1) 집에서 쉬어요 (2) 인터넷을 해요 (3) 쇼핑하고 싶어요/쇼핑해요
(4) 외식하고 싶어요 (5) 청소해요 (6) 콘서트에 가요

어휘와 표현 2 _장소 ① p. 11

1. (1) 공원 (2) 카페 (3) 영화관 (4) 피시방

2. (1) 약국 (2) 편의점 (3) 마트 (4) 지하철역 (5) 백화점 (6) 시장

문법 1_ 안 A/V p. 12

1.

A/V	안	A/V	안
많다	안 많아요	비싸다	안 비싸요
맵다	안 매워요	자다	안 자요
씻다	안 씻어요	살다	안 살아요

2. (1) 안 가요 (2) 안 마셔요 (3) 안 좋아해요 (4) 안 열어요 (5) 안 만나요 (6) 안 커요

3. (1) 운동 안 해요 (2) 전화 안 해요 (3) 책을 안 읽어요 (4) 자전거를 안 타요

문법 2_ A/V-았어요/었어요 p. 13

1.

A/V	-았어요	A/V	-었어요
좋다	좋았어요	예쁘다	예뻤어요
싸다	쌌어요	다니다	다녔어요
앉다	앉았어요	학생이다	학생이었어요
받다	받았어요	의사이다	의사였어요

2. (1) 갔어요 (2) 했어요 (3) 봤어요 (4) 탔어요 (5) 만났어요 (6) 샀어요

3. (1) 읽었어요 (2) 맛있었어요 (3) 퇴근했어요 (4) 힘들었어요

문법 3_ N에서 p. 14

1.

N	에서	N	에서
시장	시장에서	마트	마트에서
우체국	우체국에서	학교	학교에서

2. (1) 에서 (2) 에 (3) 에 (4) 에서 (5) 에서 (6) 에

3. (1) 집에서 텔레비전을 봤어요 (2) 식당에서 점심을 먹어요 (3) 공원에서 운동해요 (4) 도서관에서 공부했어요

더 알아보기 1_ N과/와, N하고, N이랑/랑 p. 15

1.

N	과	하고	이랑	N	와	하고	랑
한국 사람	한국 사람과	한국 사람하고	한국 사람이랑	누나	누나와	누나하고	누나랑
다니엘	다니엘과	다니엘하고	다니엘이랑	브루나	브루나와	브루나하고	브루나랑

2. (1) 오빠랑 콘서트에 갔어요 (2) 가족이랑 같이 여행을 가요 (3) 리카랑 쇼핑했어요
(4) 레아랑 샤니를 만나요

더 알아보기 2_ A/V-지 않다 p. 15

1.

A/V	-지 않다	A/V	-지 않다
쉽다	쉽지 않아요	나쁘다	나쁘지 않아요
찾다	찾지 않아요	살다	살지 않아요

2. (1) 많지 않았어요 (2) 다니지 않아요 (3) 바쁘지 않았어요 (4) 열지 않아요

듣기 p. 16

1.

(1) 오늘 같이 저녁 먹어요.
(2) 거기에서 아침에 산책해요.
(3) 보통 외출 안 해요.
(4) 친구하고 같이 놀이공원에 갔어요.
(5) 바다가 정말 아름다웠어요.

2.

(1) A 샤오동 씨, 지난 주말에 뭐 했어요?
B 우리 반 친구를 만났어요.
(2) A 주말을 어떻게 보냈어요?
B 일요일에 피시방에서 게임을 했어요.
(3) A 다니엘 씨, 그럼 다음 주 토요일은 어때요?
B 네. 좋아요. 주말에 시간이 있어요.

(1) ① (2) ② (3) ①

말하기 p. 17

1. (1) 일요일에 책을 읽어요 (2) 운동 안 해요 (3) 저는 콘서트를 좋아해요

2. (1) 한강 공원에 갔어요 (2) 형과 같이 갔어요/형하고 같이 갔어요/형이랑 같이 갔어요 (3) 자전거를 탔어요

3.

리카	샤오동 씨, 주말 잘 보냈어요?
샤오동	네. 잘 보냈어요. 토요일에 문화 센터에 갔어요.
리카	문화 센터요? 누구와 같이 갔어요?/누구하고 같이 갔어요?/누구랑 같이 갔어요?
샤오동	친구와 같이 갔어요./친구하고 같이 갔어요./친구랑 같이 갔어요.
리카	그래요? 거기에서 뭐 했어요?
샤오동	친구와 같이 요리를 배웠어요./친구하고 같이 요리를 배웠어요./친구랑 같이 요리를 배웠어요 정말 맛있었어요.

읽기 p. 18

2. (1) ①, ④, ②, ③ (2) ③

쓰기 p. 19

1.

주말여행

저는 토요일에 부산에 갔습니다. 브루나와 같이 갔습니다. 토요일 오전에 바닷가 카페를 구경했습니다. 오후에 기념품 가게에서 쇼핑했습니다. 우리 반 친구들 선물을 샀습니다. 일요일 오전에 바다에서 수영을 했습니다. 그리고 사진을 찍었습니다. 오후에는 한식당에서 비빔밥을 먹었습니다. 그리고 서울에 왔습니다. 부산 여행이 재미있었습니다. 그래서 또 가고 싶습니다.

8 단원 취미

어휘와 표현 1_ 취미 활동 p. 20

1. (1) 게임 (2) 기타 (3) 그림 (4) 소설책 (5) 사진

바	(2) 기	보	개	타
리	타	(4) 소	금	인
(3) 그	림	전	설	민
영	선	등	람	책
(1) 게	임	학	(5) 사	진

2. (1) 헬스를 해요 (2) 빵을 만들었어요 (3) 등산했어요 (4) 춤을 춰요

어휘와 표현 2_ 운동 p. 21

1. (1) ③, 요가를 해요 (2) ①, 골프를 쳐요 (3) ③, 축구를 해요 (4) ①, 탁구를 쳐요
   (5) ③, 태권도를 해요 (6) ②, 스노보드를 타요

2. (1) 수영을 하고 있어요 (2) 스키를 타고 있어요 (3) 테니스를 치고 있어요 (4) 농구를 하고 있어요

문법 1_ V-고 있다 p. 22

1.

V	-고 있다	V	-고 있다
먹다	먹고 있어요	가다	가고 있어요
입다	입고 있어요	공부하다	공부하고 있어요
듣다	듣고 있어요	만들다	만들고 있어요

2. (1) 책을 읽고 있어요 (2) 춤을 추고 있어요 (3) 기타를 치고 있어요
   (4) 노래를 하고 있어요 (5) 공연을 보고 있어요 (6) 사진을 찍고 있어요

3. (1) 자고 있습니다 (2) 마시고 있습니다 (3) 전화하고 있습니다 (4) 듣고 있습니다 (5) 쉬고 있습니다.

문법 2_ V-을 수 있다/ㄹ 수 있다 p. 23

1.

V	-을 수 있다	-을 수 없다	V	-ㄹ 수 있다	-ㄹ 수 없다
닫다	닫을 수 있어요	닫을 수 없어요	그리다	그릴 수 있어요	그릴 수 없어요
씻다	씻을 수 있어요	씻을 수 없어요	말하다	말할 수 있어요	말할 수 없어요
넣다	넣을 수 있어요	넣을 수 없어요	놀다	놀 수 있어요	놀 수 없어요

2. (1) 기타를 칠 수 있어요 (2) 중국어를 할 수 없어요 (3) 한국어를 쓸 수 있어요
   (4) 스노보드를 탈 수 있어요 (5) 한국 음식을 만들 수 없어요 (6) 한국 소설책을 읽을 수 없어요

3. (1) 자전거를 탈 수 있어요 (2) 이 물을 마실 수 있어요 (3) 사진을 찍을 수 없어요
   (4) 앉을 수 있어요? 아니요. 앉을 수 없어요.

문법 3_ N도, N만 p. 24

1.

N	도	만
한국 사람	한국 사람도	한국 사람만
브루나	브루나도	브루나만

2. (1) 도 (2) 도 (3) 만 (4) 만 (5) 도 (6) 만

3. (1) 영화를 봐요. 그리고 친구도 만나요 (2) 샤니만 책을 읽어요
   (3) 제이슨만 집에서 쉬어요 (4) 게임을 해요. 그리고 영화도 봐요

더 알아보기_ 못 V p. 25

1.

V	못	V	못
받다	못 받아요	쓰다	못 써요
찾다	못 찾아요	요리하다	요리 못 해요
입다	못 입어요	만들다	못 만들어요

2. (1) 기타를 못 쳐요 (2) 창문을 못 열어요 (3) 여기에 못 넣어요 (4) 태권도를 못 해요
(5) 주말에 산에 못 가요 (6) 한국 소설책을 못 읽어요

3. (1) 못 찍어요 (2) 못 했어요 (3) 못 먹었어요 (4) 못 잤어요 (5) 못 만나요

듣기 p. 26

1.

(1) 지난주에 가지 않았어요?
(2) 요즘 빵하고 케이크를 만들고 있어요.
(3) 그동안 여행지에서 사진을 많이 찍었어요.
(4) 저는 산을 좋아해요.
(5) 우리 동아리에 들어오세요.

2.

(1) A 다음 주에도 모임이 있어요?
B 아니요. 다음 주만 쉬어요.
(2) A 동아리에서 보통 뭐 해요?
B 그림 전시회에 가요.
(3) A 지금 집이에요?
B 아니요. 콘서트장에 가고 있어요.

(1) ① (2) ② (3) ①

말하기 p. 27

1. (1) 취미가 뭐예요 (2) 무슨 영화를 좋아해요 (3) 그림을 그리고 있어요

2. (1) 탁구를 배우고 있어요 (2) 탁구를 잘 쳐요 (3) 토요일에 탁구장에 가요

3.

샤오동 샤니 씨, 요즘 무슨 운동을 해요?
샤니 요즘 요가를 배우고 있어요. 두 달 전에 시작했어요.
샤오동 정말요? 요가를 잘해요?
샤니 아니요. 조금 할 수 있어요.
샤오동 요가를 언제 해요?
샤니 금요일에 문화 센터에 가요.

읽기 p. 28

2. (1) ① 샤오동 • • 스키

② 리카 • • 요리

(2)

	언제 처음 시작했어요?	뭐 하고 싶어요?
샤오동	2년 전	한국 요리를 잘하고 싶어요.
리카	3년 전	한국에서도 스키를 타고 싶어요.

쓰기 p. 29

1.

등산 동아리 '산과 함께'

저는 산을 좋아합니다. 그래서 등산 동아리를 하고 있습니다. 동아리 이름은 '산과 함께'입니다. 우리는 서울의 산을 등산합니다. 그리고 산에서 사진을 찍습니다. 등산 후에 친구들과 같이 식사도 합니다. 우리 동아리는 보통 토요일 오전 9시에 학교 앞에서 모입니다. 우리 동아리는 아주 재미있습니다.

9 단원 계획

어휘와 표현 1_ 미래 계획 p. 30

1. (1) 고향에 돌아가고 싶어요 선생님이 되고 싶어요 (2) 결혼을 하고 싶어요 집을 사고 싶어요
   (3) 일을 그만두고 싶어요 사업을 하고 싶어요 (4) 여자 친구를 사귀고 싶어요 세계 여행을 하고 싶어요

2. (1) 유학을 가고 싶습니다 (2) 대학원에 입학하고 싶습니다 (3) 컴퓨터를 전공하고 싶습니다

어휘와 표현 2_ 장소 ② p. 31

1. (1) 쇼핑몰 (2) 미술관 (3) 기념품 가게 (4) 극장 (5) 민속촌

2. (1) 식당 (2) 해수욕장 (3) 극장 (4) 산

문법 1_ V-을 거예요/ㄹ 거예요 p. 32

1.

V	-을 거예요	V	-ㄹ 거예요
씻다	씻을 거예요	자다	잘 거예요
찾다	찾을 거예요	요리하다	요리할 거예요
걷다	걸을 거예요	만들다	만들 거예요

2. (1) 갈 거예요 (2) 읽을 거예요 (3) 들을 거예요 (4) 찍을 거예요 (5) 쉴 거예요 (6) 만날 거예요

3. (1) 올 겁니다 (2) 구경할 겁니다 (3) 입을 겁니다 (4) 먹을 겁니다 (5) 볼 겁니다

문법 2_ V-으러/러 p. 33

1.

V	-으러	V	-러
읽다	읽으러	타다	타러
입다	입으러	공부하다	공부하러
묻다	물으러	열다	열러

2. (1) 사러 (2) 먹으러 (3) 보러 (4) 찍으러 (5) 놀러 (6) 배우러

3. (1) 한국 소설책을 사러 갈 겁니다
(2) 여자 친구를 만나러 카페에 갈 겁니다/카페에 여자 친구를 만나러 갈 겁니다

문법 3_ N에게/한테, N에게서/한테서 p. 34

1.

N	에게	한테	에게서	한테서
형	형에게	형한테	형에게서	형한테서
친구	친구에게	친구한테	친구에게서	친구한테서

2. (1) 에게서 (2) 한테서 (3) 에게 (4) 한테서 (5) 에게 (6) 한테

3. (1) 에게 (2) 에게서 (3) 에게서 (4) 에게 (5) 에게

더 알아보기_ ㄷ 불규칙 p. 35

1.

V	-아요/어요	-았어요/었어요	-을 거예요/ㄹ 거예요
걷다	걸어요	걸었어요	걸을 거예요
듣다	들어요	들었어요	들을 거예요
묻다	물어요	물었어요	물을 거예요
*닫다	닫아요	닫았어요	닫을 거예요
*받다	받아요	받았어요	받을 거예요

2. (1) 닫아요 (2) 걷고 있어요 (3) 받았어요 (4) 물었어요 (5) 걸을 수 없어요 (6) 들었어요

3. (1) 물었어요 (2) 들었어요 (3) 받았어요 (4) 걸었어요

듣기 p. 36

1.

(1) 졸업 후에 계획이 있어요?
(2) 오후에 회의가 있어요.
(3) 내년에 회사를 그만둘 거예요.
(4) 저녁을 먹으러 학교 앞 식당에 갈 거예요.
(5) 남자 친구에게 지갑을 선물할 거예요.

2.

(1) **A** 내일 남자 친구와 놀이공원에 갈 거예요.
B 정말 좋겠어요.
(2) **A** 주말에 무슨 계획이 있어요?
B 집 근처 공원에 산책하러 갈 거예요.
(3) **A** 언제 대학원을 졸업할 겁니까?
B 내년 9월에 할 겁니다.

(1) ① (2) ② (3) ②

말하기 p. 37

1. (1) 3급까지 배울 거예요 (2) 입학 준비를 할 거예요 (3) 배우가 될 거예요

2. (1) 어디에 갈 거예요 (2) 얼마 동안 여행할 거예요 (3) 거기에서 뭐 할 거예요

3.

다니엘 여름 방학에 어디에 갈 거예요?
리카 부산에 여행 갈 거예요.
다니엘 그래요? 얼마 동안 여행할 거예요?
리카 일주일 동안 여행할 거예요.
다니엘 거기에서 뭐 할 거예요?
리카 바닷가에서 사진을 찍을 거예요. 그리고 시장에서 부모님 선물을 살 거예요.

읽기 p. 38

2. (1) ② (2) ①

쓰기 p. 39

1.

받는 사람 "김민지 선생님"<mingee@ewha.edu>
제목 선생님을 초대합니다.

김민지 선생님, 안녕하세요?
저는 타나펀이에요. 선생님을 댄스 동아리 공연에 초대하고 싶어요. 그래서 선생님에게 메일을 보내요.
댄스 동아리 공연에 우리 반 친구들도 초대할 거예요.
댄스 동아리 공연은 이번 주 토요일, 학교 정문 앞에서 할 거예요.
우리는 케이팝(K-pop) 댄스 공연을 할 거예요.
그래서 선생님을 초대하고 싶어요. 선생님, 꼭 보러 오세요!^^

타나펀 드림

10 단원 날씨와 계절

어휘와 표현 1_ 날씨 p.40

1. (1) ② (2) ⑤ (3) ④ (4) ① (5) ③

2. (1) 안개가 꼈어요 (2) 더웠어요 (3) 쌀쌀해요 (4) 비가 그쳤어요 (5) 추워요

어휘와 표현 2_ 계절, 계절 활동 p. 41

1. (1) 소풍을 가요 (2) 눈사람을 만들어요 (3) 낙엽 길을 걸어요 (4) 서핑을 해요

2. (1) ① (2) ② (3) ④ (4) ③

문법 1_ A/V-고(나열) p. 42

1.

A/V	-고	A/V	-고
좋다	좋고	크다	크고
차갑다	차갑고	일하다	일하고
걷다	걷고	만들다	만들고

2. (1) 싸고 (2) 맑고 (3) 읽고 (4) 그리고 (5) 좋아하고 (6) 하고

3. (1) 춥고 (2) 수영도 잘하고 (3) 형은 음악을 듣고 (4) 리카는 일본 사람이고

문법 2 _ A/V-으면/면 p. 43

1.

A/V	-으면	A/V	-면
맑다	맑으면	싸다	싸면
뜨겁다	뜨거우면	공부하다	공부하면
먹다	먹으면	살다	살면

2. (1) 힘들면 (2) 봄이 되면 (3) 음악을 들으면 (4) 교실이 추우면 (5) 시간이 있으면 (6) 스트레스를 받으면

3. (1) 날씨가 좋으면 (2) 머리가 아프면 (3) 수업이 끝나면 (4) 동생이 오면

문법 3_ A/V-지만 p. 44

1.

A/V	-지만	A/V	-지만
많다	많지만	나쁘다	나쁘지만
맵다	맵지만	시원하다	시원하지만
읽다	읽지만	불다	불지만

2. (1) 비싸지만 (2) 좋지만 (3) 어렵지만 (4) 있지만 (5) 만났지만 (6) 할 수 있지만

3. (1) ④, 비가 왔지만 지금은 비가 그쳤어요 (2) ③, 커피를 좋아하지만 리카는 안 좋아해요
(3) ①, 조금 힘들지만 재미있어요 (4) ②, 자주 갔지만 올해는 못 갔어요

더 알아보기 1 _ N은/는 p. 45

1.

N	은	N	는
공원	공원은	언니	언니는
선생님	선생님은	취미	취미는

2. (1) 냉면은, 라면은 (2) 탁구는, 테니스는 (3) 저는, 동생은 (4) 서울은, 부산은

더 알아보기 2_ V-아요/어요 p. 45

1.

V	-아요	V	-어요
찾다	찾아요	쓰다	써요
보다	봐요	듣다	들어요

2. (1) 먹어요 (2) 만나요 (3) 찍어요 (4) 쇼핑해요

듣기 p. 46

1.
(1) 인터넷에서 뭘 보고 있어요?
(2) 비도 거의 안 오고 맑아요.
(3) 장마가 끝나면 날씨가 아주 더워요.
(4) 한국의 겨울 간식을 소개하고 싶습니다.
(5) 아주 달고 맛있었습니다.

2.
(1) A 내일도 눈이 와요?
B 아니요. 내일은 눈이 그치고 맑을 거예요.
(2) A 요즘 바람이 불고 비가 와요. 그러니까 우산을 꼭 가져가세요.
B 네. 알겠어요. 고마워요.
(3) A 여름에 뭘 자주 먹어요?
B 전 팥빙수를 좋아해요. 그래서 팥빙수를 자주 먹어요.

(1) ① (2) ② (3) ①

말하기 p. 47

1. (1) 언제 파리에 올 거예요 (2) 준비는 다 했어요 (3) 춥고 바람이 많이 불어요

2. (1) 이번 주말에 뭐 할 거예요 (2) 날씨가 좋으면 뭐 할 거예요 (3) 시간이 있으면 제이슨 씨도 같이 가요

3.

리카 샤니 씨, 이번 주말에 뭐 할 거예요?
샤니 비가 오면 집에서 책을 읽을 거예요.
리카 그래요? 그런데 날씨가 좋으면 뭐 할 거예요?
샤니 비가 안 오고 날씨가 좋으면 민속촌에 갈 거예요.
리카 거기에서 뭐 할 거예요?
샤니 한복도 입고 사진도 찍을 거예요. 시간이 있으면 리카 씨도 같이 가요.

읽기 p. 48

2. (1)

① 방콕 • — • 더워요. / • 비가 와요.

② 시드니 • — • 추워요. / • 눈이 내려요.

(2) ③

쓰기 p. 49

1.

한국의 가을

저는 한국의 가을을 좋아합니다. 한국의 여름은 덥지만 가을은 덥지 않고 시원합니다. 날씨가 아주 좋습니다. 그래서 저는 가을에 한강 공원과 북한산에 자주 갑니다. 한강 공원에서 산책도 하고 자전거도 탑니다. 저녁에는 야경도 봅니다. 한강 공원의 야경은 아주 예쁩니다. 그리고 주말에 북한산에서 등산을 합니다. 가을에는 산에서 단풍 구경도 할 수 있습니다. 단풍이 아주 아름답습니다. 북한산 근처에 카페가 많습니다. 등산 후에 힘들면 산 근처 카페에서 쉽니다. 저는 가을에 한강 공원과 북한산에서 여러 활동을 합니다. 그래서 저는 가을을 아주 즐겁게 보낼 수 있습니다.

11 단원 교통

어휘와 표현 1_ 교통수단 p. 50

1. (1) 버스 (2) 비행기 (3) 지하철 (4) 자전거

갈	착	(2) 비	영	가
(1) 버	타	(3) 지	행	출
올	스	하	도	기
려	내	철	발	졸
사	(4) 자	전	거	개

2. (1) 공항버스로 갔어요 (2) 택시로 갔어요 (3) 고속버스로 왔어요 (4) 기차로 갈 거예요
(5) 오토바이로 와요 (6) 배로 갈 거예요

어휘와 표현 2_ 이동 p. 51

1. (1) ② (2) ③ (3) ① (4) ④

2. (1) 지하철을 타요 (2) (지하철을) 갈아타요 (3) 내려요 (4) 나가요

문법 1_ V-으려고 하다/려고 하다 p. 52

1.

V	-으려고 하다	V	-려고 하다
먹다	먹으려고 해요	보내다	보내려고 해요
찾다	찾으려고 해요	취직하다	취직하려고 해요
듣다	들으려고 해요	살다	살려고 해요

2. (1) 사려고 해요 (2) 마시려고 해요 (3) 물으려고 해요 (4) 찍으려고 해요

3. (1) 놀이공원에서 놀이기구를 타려고 해요 (2) 빨래를 하려고 해요
(3) 소설책을 읽으려고 해요 (4) 빵을 만들려고 해요

문법 2_ N으로/로(방향) p. 53

1.

N	으로	N	로
5층	5층으로	위	위로
지하철역	지하철역으로	서울	서울로

2. (1) 오른쪽으로 (2) 왼쪽으로 (3) 3층으로/위로 (4) 1층으로/아래로
(5) 1층으로/아래로 (6) 3층으로/위로

3. (1) 이화여대로 가요 (2) 교실로 가세요 (3) 학생 식당으로 가세요/학생 식당으로 오세요
(4) 부산으로 여행을 갈 거예요/부산으로 여행을 가려고 해요

문법 3_ V-아야 되다/어야 되다 p. 54

1.

V	-아야 되다	V	-어야 되다
닫다	닫아야 돼요	먹다	먹어야 돼요
자다	자야 돼요	쉬다	쉬어야 돼요
모으다	모아야 돼요	듣다	들어야 돼요

2. (1) 집을 찾아야 돼요 (2) 비자를 받아야 돼요 (3) 일을 그만둬야 돼요
(4) 입학시험을 봐야 돼요 (5) 한국어를 배워야 돼요 (6) 비행기 표를 예매해야 돼요

3. (1) 와야 돼요 (2) 출발해야 돼요 (3) 가야 돼요 (4) 있어야 돼요

더 알아보기 1 _ N으로/로(수단) p. 55

1.

N	으로	N	로
사진	사진으로	기차	기차로
손	손으로	연필	연필로

2. (1) 로 (2) 으로 (3) 로 (4) 로 (5) 으로 (6) 로

더 알아보기 2_ N에서 N까지 p. 55

1.

N	에서	N	까지
부산	부산에서	서울	서울까지
학교	학교에서	마트	마트까지

2. (1) 집에서 학교까지 자전거로 가요 (2) 백화점에서 집까지 택시로 가요
(3) 이대역에서 강남까지 지하철로 가요 (4) 인천에서 파리까지 비행기로 가요
(5) 경복궁에서 명동까지 버스로 가요

듣기 p. 56

1.
(1) 집에서 공항까지 1시간 걸려요.
(2) 내일 친구하고 쇼핑을 하려고 해요.
(3) 거기에서 버스를 타세요.
(4) 학교에서 어떻게 가야 돼요?
(5) 그리고 경복궁에서 내리세요.

2.
(1) **A** 내일 오전 6시 비행기예요?
B 네. 그래서 오늘 일찍 자려고 해요.
(2) **A** 서울역까지 지하철로 갈 수 있어요?
B 네. 그렇지만 지하철은 갈아타야 돼요. 버스가 편해요.
(3) **A** 이대역에서 광화문까지 지하철로 어떻게 가요?
B 충정로역에서 5호선으로 갈아타세요.

(1) ① (2) ② (3) ②

말하기 p. 57

1. (1) 여기에서 강남까지 어떻게 가요 (2) 버스로 갈 수 있어요 (3) 시간이 얼마나 걸려요

2. (1) 혹시 학교 근처에 식당이 있어요? (2) 병원에서 왼쪽으로 가세요 (3) 병원 옆에 있어요

3. 제이슨 혹시 학교 근처에 우체국이 있어요?
샤오동 네. 있어요.
제이슨 여기에서 어떻게 가요?
샤오동 똑바로 가세요. 그러면 편의점이 있어요. 편의점에서 오른쪽으로 가세요. 사거리가 나올 거예요.
제이슨 사거리에 우체국이 있어요?
샤오동 네. 약국 맞은편에 있어요.

읽기 p. 58

2. (1) ① (2) ③

쓰기 p. 59

1. 서울에서 강릉까지

저는 일주일 전에 강릉으로 여행을 갔습니다. 제 친구가 강릉에 삽니다. 그래서 친구를 만나러 갔습니다. 서울역에서 강릉역까지 기차로 갔습니다. 의자가 컸습니다. 그리고 무료로 와이파이를 이용할 수 있었습니다. 기차에서 경치도 볼 수 있었습니다. 2시간쯤 후에 강릉역에 도착했습니다. 그런데 버스 정류장에 사람이 너무 많았습니다. 그래서 택시를 타야 했습니다. 택시 안이 깨끗했습니다. 그리고 교통 카드로 택시를 이용할 수 있었습니다. 기차와 택시 이용이 힘들지 않았습니다. 그래서 한국에서 대중교통을 자주 이용하려고 합니다.

12 단원 약속

어휘와 표현 1_ 상태 ② p. 60

1. (1) 밝아요 (2) 어두워요 (3) 넓어요 (4) 좁아요 (5) 깨끗해요 (6) 더러워요 (7) 조용해요 (8) 시끄러워요

2. (1) 깨끗해요 (2) 친절해요 (3) 편해요 (4) 복잡해요

어휘와 표현 2_ 약속 p. 61

1. (1) ② (2) ① (3) ④ (4) ③ (5) ⑤ (6) ⑥

2. (1) 지켜요 (2) 정했어요 (3) 늦었어요 (4) 연기했어요 (5) 바꾸었어요

문법 1_ V-을까요?/ㄹ까요? p. 62

1.

V	-을까요?	V	-ㄹ까요?
읽다	읽을까요?	사다	살까요?
먹다	먹을까요?	하다	할까요?
듣다	들을까요?	열다	열까요?

2. (1) 볼까요 (2) 칠까요 (3) 마실까요 (4) 앉을까요 (5) 탈까요 (6) 찍을까요

3. (1) 받을까요 (2) 갈까요 (3) 도와줄까요 (4) 닫을까요

문법 2_ A/V-아서/어서 p. 63

1.

A/V	-아서	A/V	-어서
작다	작아서	맛있다	맛있어서
보다	봐서	읽다	읽어서
가다	가서	학생이다	학생이어서

2. (1) ③, 비가 와서 우산을 샀어요 (2) ④, 머리가 아파서 약을 먹었어요
(3) ②, 약속에 늦어서 택시를 탔어요 (4) ⑥, 커피를 좋아해서 카페에 자주 가요
(5) ⑤, 예매를 못 해서 영화를 못 봤어요 (6) ①, 내일 토요일이라서 수업이 없어요

3. (1) 알람 소리를 못 들어서 (2) 시간이 없어서 (3) 버스가 안 와서 (4) 차가 많아서

문법 3_ V-고 p. 64

1.

V	-고	V	-고
찾다	찾고	가다	가고
앉다	앉고	공부하다	공부하고
걷다	걷고	살다	살고

2. (1) 음악을 듣고 집에서 쉬었어요 (2) 책을 읽고 친구를 만나요
(3) 졸업하고 유학을 갈 거예요 (4) 일을 그만두고 요리를 배우고 있어요

3. (1) 수업이 끝나고 (2) 점심을 먹고 (3) 영화를 보고 (4) 산책하고

더 알아보기_ V-기 p. 65

1.

V	-기	V	-기
입다	입기	오다	오기
찾다	찾기	숙제하다	숙제하기
듣다	듣기	만들다	만들기

2. (1) 책 읽기예요 (2) 여행하기예요 (3) 사진 찍기예요 (4) 음악 듣기예요
(5) 그림 그리기예요 (6) 피아노 치기예요

3. (1) 공부하기예요 (2) 말하기가 (3) 나가기(가) (4) 만나기(가)

듣기 p. 66

1.
(1) 시간이 있으면 공원에 산책하러 갈까요?
(2) 우리 같이 야구 경기를 볼까요?
(3) 3번 출구에서 토요일 5시에 봐요.
(4) 퇴근하고 지금 집에 가고 있어요.
(5) 저녁을 먹고 노래방에 갈 거예요.

2.
(1) **A** 반 모임을 어디에서 할까요?
B 이화식당에서 해요.
(2) **A** 우리 지하철역 앞에서 만날까요?
B 아니요. 지하철역 앞은 복잡해요.
(3) **A** 수업 끝나고 뭐 할 거예요?
B 내일 친구가 고향에 돌아가서 송별회를 하려고 해요.

(1) ② (2) ② (3) ②

말하기 p. 67

1. (1) 별일 없어요 (2) 카페에 갈까요 (3) 도서관에서 2시에 봐요

2. (1) 주말로 바꿀 수 있을까요 (2) 숙제가 많아서 숙제해야 돼요 (3) 일요일은 어때요

3.
타나펀 미안하지만 이번 주 금요일 약속을 다음 주로 바꿀 수 있을까요?
리카 왜요? 무슨 일이 있어요?
타나펀 반 친구 생일 파티가 있어서 가야 돼요. 정말 미안해요.
리카 아니에요. 괜찮아요. 그럼 다음 주 월요일은 어때요?
타나펀 다음 주 월요일은 괜찮아요.
리카 그럼 그날 만나요.

읽기 p. 68

2. (1) 회의가 있었어요.

(2) ①

쓰기 p. 69

1.
나와의 약속, 맛집 여행하기!

저는 가끔 제 자신과 약속을 합니다. 방학을 잘 보내고 싶어서 방학 계획으로 저와 약속을 했습니다. 그 약속은 바로 '맛집 여행하기'입니다.

저는 한국 음식을 좋아합니다. 그래서 맛집에 가고 싶었지만 이번 학기에 너무 바빠서 못 갔습니다. 그래서 방학 전부터 인터넷으로 맛집을 많이 찾았습니다. 맛집의 주소도 찾았습니다. 친구와 약속도 했습니다. 방학에 맛집에서 한국 음식을 많이 먹을 겁니다. 먼저 맛집을 예약하고 갈 겁니다. 삼겹살, 비빔밥, 한정식을 먹을 겁니다. 그리고 맛집에서 사진도 찍을 겁니다.

이번 방학을 기다리고 있습니다. 방학을 잘 보내고 싶습니다.

지은이 소개

책임 연구원 **이정연**
이화여자대학교 언어교육원 전임강사
한국외국어대학교 국어국문학과 박사

공동 연구원 **정누리**
이화여자대학교 언어교육원 전임강사
연세대학교 한국학협동과정 박사 수료

박옥경
이화여자대학교 언어교육원 책임강사
이화여자대학교 한국어교육학과 석사

송유경
이화여자대학교 언어교육원 책임강사
이화여자대학교 한국어교육학과 석사

기우종
전 이화여자대학교 언어교육원 책임강사
연세대학교 외국어로서의 한국어교육 전공 석사

최효원
이화여자대학교 언어교육원 책임강사
이화여자대학교 한국어교육학과 석사